Petra Theisen • Sven-David Mi

forever clever 2

Gesund schlemmen

Petra Theisen • Sven-David Müller

forever clever 2

Gesund schlemmen

schlütersche

Bibliografische Information der Deutschen Bibliothek
Die Deutsche Bibliothek verzeichnet diese Publikation in der Deutschen Nationalbibliografie; detaillierte bibliografische Daten sind im Internet über http://dnb.de abrufbar.
ISBN 3-89993-507-1

Anschrift der Autoren:

Petra Theisen
Wirtschaftsredaktion Fernsehen
Hessischer Rundfunk
Bertramstraße 8
60320 Frankfurt am Main

Sven-David Müller
Diätassistent/Diabetesberater DDG/Medizinjournalist
Die Gesellschaft für Ernährungsmedizin und Diätetik e.V.
Kurbrunnenstraße 5
52066 Bad Aachen

Lizenziert durch hrMEDIA Lizenz- und Verlagsgesellschaft mbH

Titelfotos:
Kerker und Baum, Hessischer Rundfunk
Rückseitiger Umschlag:
Hessischer Rundfunk, Sven-David Müller, Ulrich Strunz, Michael Beck

Fotos:
Hademar Bankhofer: 16, 37 unten, 51, 65, 76, 87, 102, 118 unten, 135
Michael Beck: 27, 42, 56, 67, 80, 97, 113, 123, 137
Hessischer Rundfunk: 12, 15 unten, 17, 18, 20, 21, 23, 25, 29, 30, 32, 39, 40, 41, 46, 49, 55, 57, 60–63, 70 unten, 72–74, 76 unten, 84, 88–90, 94–95, 96 unten, 99, 100, 102 unten, 105, 106 unten, 108, 109, 112, 121, 122, 126, 130, 131, 134, 136, 140 unten, 143, 154, 163–165
MEV Bilddatenbank: 13–15, 17 unten, 26, 28, 35, 44–48, 52, 54, 56 unten, 58, 64, 66, 67 unten, 68–70, 75, 77–79, 82, 91, 92, 95 unten, 96, 103 unten, 106, 113 Mitte, unten, 114, 115, 117–119, 122 unten, 124, 125, 127, 128, 132, 133, 136 unten, 138–140, 142, 147–152, 153 unten
PER: 31, 33, 37, 43
Ingo Wandmacher: 10, 34, 59, 80 unten, 83, 85, 86, 98, 101, 116, 145, 153
Sven-David Müller: 9, 48 unten, 71, 103, 110
Sandra Ragheb: 7–8, 141, 144, 146, 155
Ulrich Strunz: 149 unten, 157, 158

Gestaltung: Schlütersche Verlagsgesellschaft mbH & Co. KG, Hannover
Satz: PER Medien + Marketing GmbH, Braunschweig
Druck: Rasch Druckerei und Verlag GmbH & Co. KG, Bramsche
Bindung: Bramscher Buchbinderei Betriebe, Bramsche

Inhalt

Liebe »forever clever«-Leser,

geht es Ihnen auch so: Sie kaufen wie immer ein, bezahlen aber fast das Doppelte wie noch vor zwei Jahren. Zwar behaupten Statistiker, das kann nicht sein, die Preise sind – wenn – nur gering gestiegen. Aber Statistik hin oder her, wichtig ist doch letztlich, was wir am Ende des Monats noch im Portemonnaie haben. Und das ist, seitdem der Euro da ist, eindeutig zu wenig.

Wir wollen gesund schlemmen, und das zu einem fairen Preis.

Dass das möglich ist, zeigen die zahlreichen Tests von »service:tr€nds«. Nicht immer sind es nämlich die teuren Markenprodukte, die mit »sehr gut« oder »gut« abschneiden. Gute Qualität gibt es oft auch günstiger.

Die »service:tr€nds« Zuschauer kaufen deshalb meist nur noch »service:tr€nds«-Testsieger. Ein Grund, warum diese nach der Sendung oft ausverkauft sind. Darauf sind wir natürlich auch ein bisschen stolz. Denn unser Ziel ist es, unsere Zuschauer »clever« zu machen, den Lebensmitteldschungel zu durchblicken, und zu wissen worauf es beim Essen ankommt. Und das – zahlreiche Mails, Briefe und Gespräche zeigen es – haben wir wieder ein bisschen mehr geschafft. Dazu beigetragen hat natürlich unser erstes Buch: *forever clever – der Ernährungstrainer*, das sich sehr gut verkaufte. Und natürlich auch unsere Studiogäste.

Sternekoch Michael Beck zeigt uns wie einfach Kochen sein kann, was viele falsch machen und wie man mit kleinen Tricks einen wahren »gesunden« Gaumenschmaus zaubern kann.

Prof. Hademar Bankhofer hat zu Lebensmitteln eine besondere Beziehung. Er kennt alle ihre Vorteile, die wir schon lange vergessen haben. Nach seinen Geschichten sehen wir z. B. Tomaten, eine Wurst und Kartoffeln mit ganz anderen Augen.

Fitnesspapst Dr. Ulrich Strunz weiß, eine gesunde Ernährung bringt nur dann was, wenn der Körper damit auch etwas anfangen kann. Der Körper muss funktionieren, und dazu muss man ihn antreiben wie eine Maschine. Ein bisschen Sport reicht dazu schon aus, aber bitte dabei lächeln! Denn Sport ist nicht Mord.

Ernährungsberater Sven-David Müller passt auf, dass wir nicht jedes Ammenmärchen glauben, z. B. dass Eier Cholesterin enthalten oder frisches Gemüse besser als eingefrorenes ist. Glauben Sie mir, in puncto Lebensmitteln gibt es nichts was er nicht weiß.

Und zum Schluss möchte ich mich natürlich wieder bei meinen Lieben bedanken. Für die redaktionelle Mitarbeit bei Christiane Baader, Barbara Falkenmeier und Stephanie Wilbränder. Für die gründliche Korrektur dieses Büchleins bei Betty Allermann und für die schönen Fotos bei Sandra Ragheb.

Bleiben Sie clever! Viel Spaß beim Lesen und Schlemmen!

Ihre Petra Theisen

Das »service:tr€nds«-Team.

Liebe Leser,

gesund schlemmen ist eine Aussage, die kaum vorstellbar ist. Übergewicht hat sich in den vergangenen Jahrzehnten zur weltweiten Epidemie entwickelt: Heute sind 50 Prozent der Frauen und 65 Prozent der Männer zu schwer. Übergewicht führt zu Krankheiten und Übergewichtige sterben früher als Normalgewichtige. Obwohl seit mehr als 20 Jahren durch Krankenkassen Programme gegen Übergewicht durchgeführt werden, nimmt die Zahl der Übergewichtigen zu.

In »service:tr€nds« gelingt es immer wieder, aktuelle ernährungsmedizinische Aspekte aufzugreifen und zu vermitteln, um dadurch wirksame Konzepte in der Bekämpfung von Übergewicht zu finden:

- Fitness-Papst und Internist Dr. med. Ulrich Strunz hat ein auf hohem ernährungsmedizinischen Niveau fußendes Konzept zur gesunden, effektiven Gewichtsreduktion für dieses Buch entwickelt.
- Während in der Vergangenheit Fett als Feind der schlanken Linie angesehen wurde, zeigen aktuelle Studien, dass fettarme Reduktionsdiäten weniger Erfolg zeigen, als die in »service:tr€nds« empfohlene Ernährungsweise: Es geht weniger um die Fettmenge, als vielmehr um die Fettqualität. Dass Eiweiß schlank macht, propagieren die Experten Ulrich Strunz und Dieter Markert schon seit vielen Jahren. Aktuelle Untersuchungen belegen, dass die Zufuhr von Protein im Rahmen einer Reduktionskost dazu führt, dass Fettgewebe und nicht Muskulatur eingeschmolzen wird.

Mit *forever clever – gesund schlemmen* liegt also ein Buch vor, das nicht nur in gewohnter »service:tr€nds«-Manier objektiv und zuverlässig über Lebensmittel und Essen informiert. Darüber hinaus bietet es seinen Lesern und Leserinnen wichtige neueste wissenschaftliche Fakten rund um unsere Ernährung.

Sehr herzlich bedanke ich mich bei Thamar Triebel für das ernährungswissenschaftliche Lektorat.

Und nun wünsche ich Ihnen viel Spaß beim Lesen dieses Buches!

Ihr Sven-David Müller

FIT MIT GEFLÜGEL –

Wie gesund sind Hähnchen und Pute wirklich?

Wie gesund ist Geflügel?

Geflügel ist gesund. Der Grund: Es enthält hochwertiges Eiweiß, das der Körper gut in körpereigenes Eiweiß umwandeln kann. Das ist wichtig für den Muskelaufbau. Außerdem ist Geflügel leicht verdaulich und hat wenig Fett. Zum Vergleich: 100 g Hähnchenbrustfilet haben 100 Kilokalorien und weniger als 1 g Fett, 100 g Schweinehackfleisch dagegen 264 Kilokalorien und 18 g Fett. Zu viel Fett ist schädlich, denn es führt zu Übergewicht sowie Arteriosklerose und erhöht damit das Herzinfarktrisiko.

Außerdem hat Geflügel jede Menge Vitamine und Mineralstoffe wie Kalium und Magnesium. Beide sind ist gut für die Muskel- und Nervenfunktionen. In puncto Vitamine bietet Geflügel vor allem reichlich Vitamin B_6, Niacin und Pantothensäure. Vitamin B_6 ist wichtig für den Zellaufbau von Haut, Schleimhäuten, Magen und Darm sowie für den Aufbau der roten Blutkörperchen. Außerdem stärkt B_6 das Immunsystem und die Muskulatur. Niacin und Pantothensäure sind ist für die Energiebereitstellung des Körpers unbedingt nötig.

Für chronisch Kranke, Senioren, heranwachsende Kinder, Schwangere und stillende Mütter, die einen erhöhten Eiweißbedarf haben, sind deshalb dreimal wöchentlich 200 g Geflügel optimal. Einem normalen Erwachsenen dagegen reichen dreimal wöchentlich 150 g.

Die einzigen Nachteile: Geflügel ist häufig mit Salmonellen belastet. Eine Infektion mit Salmonellen kann Übelkeit, Erbrechen, Durchfall, Kopfschmerzen und Fieber verursachen. Bei geschwächten Menschen kann die Salmonellenvergiftung durch Kreislaufversagen sogar zum Tod führen. Deshalb sollte man Geflügel niemals roh, sondern immer nur durchgegart verzehren.

Negativ im Gespräch war Geflügel auch durch die Nitrofen- und Antibiotikaskandale. Der Unkrautvernichter Nitrofen ist im Tierversuch als krebserregend getestet worden. Nitrofen war durch unsachgemäße Lagerung in Futtermittel und so ins Fleisch gelangt. Antibiotika bekommt Geflügel vor allem vorbeugend gegen Krankheiten verabreicht. Bestimmte Antibiotika sind zulässig, solange keine Spuren im Fleisch zurückbleiben. Als das Medikament in einigen Geflügelfleischprodukten nachgewie-

Wie gesund ist Geflügel? Ernährungsexperte Sven-David Müller weiß Bescheid.

sen wurde, sorgte dies für große Verunsicherung beim Verbraucher. Der Grund: Der regelmäßige Verzehr von mit Antibiotika verseuchtem Geflügelfleisch führt auf Dauer zu einer Resistenz gegen das Medikament. Die Folge: Bei einer schweren Krankheit können dann verabreichte Medikamente mit Antibiotika beim Menschen keine Wirkung mehr entfalten.

Tipp: Empfehlenswert ist es, beim Geflügel die knusprige Haut nicht zu essen, denn darin versteckt sich viel Fett.

Welche Geflügelhaltung ist am besten?

Die wenigsten Hühner sind »glücklich« – sprich freilaufend. In der Regel leben sie eng zusammengedrängt in Ställen meist ohne Tageslicht und werden in acht Wochen zur Schlachtreife hochgemästet. Unsere Studiogäste geben Ihnen deshalb einen Überblick mit Vor- und Nachteilen der unterschiedlichen Haltungsformen.

Intensivhaltung

Anders als bei Legehennen für die Eierproduktion ist beim Schlachtgeflügel Bodenhaltung üblich. Allerdings drängeln sich je nach Gewicht etwa 25 bis 30 Hähnchen auf einem Quadratmeter, überwiegend in Ställen mit Kunstlicht. Eine Sitzstange gibt es meist nicht.

Vorteil:
Geflügel aus Intensivhaltung ist sehr günstig. Außerdem sind im Fleisch genauso viele Vitamine und Mineralstoffe enthalten wie bei freilaufendem Geflügel, denn die Tiere aus der Intensivhaltung bekommen spezielles Kraftfutter.

Nachteil:
Eine Massentierhaltung ist ohne Medikamente nicht möglich. Grundsätzlich gilt zwar in Deutschland ein Verkaufsverbot von mit Medikamenten belastetem Geflügelfleisch, weshalb nach der Medikamentengabe bestimmte Fristen bis zur Schlachtung eingehalten werden müssen. Dennoch leidet die Qualität darunter, selbst wenn Medikamente im Fleisch nicht mehr nachweisbar sind.

Hähnchen aus der Intensivhaltung haben durch ihren fehlenden Auslauf und der schnellen Mast kaum Muskulatur und aufgrund der engen Verhältnisse viel Stress. Die Folge: Das Fleisch aus der Intensivhaltung hat einen faden Geschmack und eine zu weiche Konsistenz. Da die Geflügelprodukte aus den Supermärkten hauptsächlich aus der Intensivhaltung stammen, rät Sternekoch Michael Beck vom Kauf solcher Produkte ab.

In der Europäischen Union wird zusätzlich zwischen **extensiver Bodenhaltung**, **Auslaufhaltung**, **bäuerlicher Auslaufhaltung**, **bäuerlicher Freilandhaltung** und **Öko-/Biohal-**

Geflügel aus bäuerlicher Auslaufhaltung ist glücklicher und schmeckt besser.

tung unterschieden. Für die Tiere bedeutet das etwas bessere Lebensumstände. Auslauftiere leben länger und haben auch mehr Auslauf außerhalb des Stalls. Auslaufhühner werden im Schnitt gut 5 Wochen älter als Hühner aus der Intensivhaltung.

Extensive Bodenhaltung

Vorteil:
Die Tiere können sich etwas freier bewegen als die in der Intensivhaltung und sind trotzdem sehr günstig.
Nachteil:
Auch hier lebt das Geflügel nicht artgerecht, hat viel Stress und zu wenig Auslauf. Die Folge ist eine mindere Fleischqualität. Das Fleisch ist fad im Geschmack und die Konsistenz zu weich. Dem Geflügel fehlt schlicht ein gutes Aroma.

Auslaufhaltung, bäuerliche Auslaufhaltung und bäuerliche Freilandhaltung

Vorteil:
Die Tiere können durch mehr Auslauf auch mehr Muskelfleisch aufbauen, das bedeutet, das Fleisch wird fester. Haben die Hühner auch auf einer Wiese Auslauf, ist das Fleisch noch aromatischer im Geschmack. Außerdem haben die Tiere viel weniger Stress als in der Intensivhaltung, deshalb ist die Fleischqualität recht hoch.
Nachteil:
Im Schnitt kostet das Geflügel fast doppelt so viel wie das aus der Intensivhaltung.

Öko-/Biohaltung

Die Tiere werden hier im Schnitt rund 12 Wochen alt, haben reichlich Auslauf, das Futter kommt überwiegend aus hofeigenem Ökogetreide und es werden keine Antibiotika oder andere Wachstumsförderer verabreicht. Der Futterverbrauch ist fast doppelt so hoch wie in der Intensivmast.
Vorteil:
Neben dem festeren Fleisch und besserem Geschmack aufgrund des Auslaufes ist diese Zuchtform auch am besten für unsere Umwelt. Die ökologische Fütterung hat aber keine erkennbar bessere Auswirkung auf die Qualität des Fleisches.
Nachteil:
Diese Haltungsform hat ihren Preis. In der Regel kostet Öko-/Biogeflügel dreimal so viel wie Geflügel aus der Intensivzucht.

Fazit:

Wer ein gutes Stück Geflügelfleisch möchte, der sollte auf Federvieh aus der Intensivhaltung oder extensiven Bodenhaltung verzichten und zu Geflügel aus bäuerlicher Auslaufhaltung greifen.

Welches Geflügel ist am gesündesten?

Ernährungsexperte Sven-David Müller hat die Geflügelhitliste in puncto Fett, Vitamine und Mineralstoffe für Sie zusammengestellt.

Platz 1: Hähnchen

100 g Hähnchenfleisch hat nur 1 bis 6 g Fett. Das fettärmste Teil am Hähnchen ist die Brust, sie hat nur 1 g Fett pro 100 g. Hähnchenfleisch enthält zudem viel Magnesium, das ist gut für die Herz- und Muskelfunktionen und hilft gegen Muskelkrämpfe.

Platz 2: Pute

100 g Putenbrust hat etwas über 1 g Fett. Generell enthält 100 g Putenfleisch aber 1 bis 10 g Fett, also etwas mehr als Hähnchen. Außerdem hat das Putenfleisch jede Menge Zink, ist also gut zur Stärkung des Immunsystems.

Sven-David Müller erläutert seine »Geflügelhitliste«.

Platz 3: Ente

Eine Ente bringt ordentlich Fett auf die Waage. 100 g Entenfleisch enthalten 17 g Fett. Allerdings steckt in diesem Tier relativ viel Eisen. Dieser Mineralstoff ist wichtig für die Sauerstoffversorgung der Zellen und somit für die Fettverbrennung im Körper. Außerdem fördert Eisen die Konzentration.

Platz 4: Gans

Gans hat zwar mehr Fett als Ente, nämlich bis zu 30 g pro 100 g, bietet dafür aber viel Kalium, was die Muskel- und Nervenfunktionen ankurbelt. Außerdem enthält Gans genauso viel Eisen wie Ente.

Platz 5: Suppenhuhn

Da ein Suppenhuhn im Schnitt älter werden darf als die anderen Schlachthähnchen, hat es auch mehr Zeit, Fett anzusammeln: 100 g Suppenhuhn enthalten 20 bis 23 g Fett.

Was bedeuten die unterschiedlichen Handelsklassen?

Die Handelsklassen auf der Geflügelverpackung geben Auskunft über bestimmte Qualitätsmerkmale. Sie sagen nur etwas über das Äußere des Geflügels aus, aber nichts über die Aufzucht und das Futter und damit auch nichts über den Geschmack.Grundsätzlich gilt: Geflügel, egal ob Handelsklasse A oder B, muss sauber, frei von sichtbaren Fremdstoffen wie Schmutz oder Blut sein und darf außerdem keinen Fremdgeruch haben. Dazu sollte es keine herausragenden gebrochenen Knochen und starke Quetschungen haben. Erfüllt es diese Mindestanforderungen, erfolgt die Einteilung in die zwei Handelsklassen A und B.

Tiere der **Handelsklasse A** müssen vollfleischig sein, d. h. gut ausgebaut. Man sollte also beim Essen nicht gleich auf den Knochen beißen. Außerdem muss dieses Geflügel einwandfrei gerupft sein. Ausnahme sind einige kleine Federkiele, d. h. kleine Federn und Haarfedern an Brust, Schenkel, Rumpf, Fußgelenken und Flügelspitzen. Der Fettansatz (direkt unter der Haut) muss gleichmäßig und dünn sein. Gefrierbrand bei tiefgefrorenem Geflügel ist nicht zulässig an Brust und Schenkeln, ansonsten schon.

Geflügel der **Handelsklasse B** ist nur fleischig, d. h. nicht vollständig wohlgeformt und darf einen ungleichmäßigen Fettansatz haben.

Im Handel – egal ob frisch oder tiefgekühlt – gibt es mittlerweile nur noch Geflügel der Handelsklasse A zu kaufen. Schlechtere Qualität wird in der Regel zu Wurst weiterverarbeitet. Doch **Vorsicht!** Handelsklassen sagen, so Sternekoch Michael Beck, nur etwas über das Äußere des Geflügels aus, nichts aber über die Aufzucht und das Futter und damit auch nichts über den Geschmack.

Was kann man aus der Hühnerbeschriftung lesen?

Die Kennzeichnung auf dem Geflügel sagt leider nicht sehr viel über die Qualität des Produkts aus. Auf Schildern oder Etiketten sollte nur Folgendes klar erkennbar sein:

- die Handelsklasse (A oder B),
- die Geflügelart (z. B. Ente), bei Geflügelteilen zusätzlich die Bezeichnung des betreffenden Teils (z. B. Entenbrust),
- wie das Geflügel angeboten wird, also ob es frisch, gekühlt oder tiefgefroren ist. Und die so genannte »Herrichtungsform«, d. h. ob das Geflügel mit oder ohne Innereien verkauft wird,
- der Name und die Anschrift des Herstellers (z. B. Firma Wiesenhof), des Verpackers (z. B. Fleischerei Stolle) oder des Verkäufers (z. B. Rewe),
- das Gewicht, der Kilogrammpreis und der Gesamtpreis,
- ein Kennbuchstabe und eine »Schlachtnummer« bzw. bei Geflügelstücken eine »Zerlegungsnum-

Der Hähnchen-Tipp von Prof. Hademar Bankhofer

Wer Hähnchenfleisch isst und dabei ordentlich Eisen tanken möchte, der sollte dazu ein Glas Orangensaft trinken. Der Grund: Das Vitamin C im Saft verbessert die Eisenaufnahme, Schwarzer Tee dagegen blockiert sie.

Das Chemische Untersuchungslabor Dr. Budde prüft Geflügel objektiv und zuverlässig.

mer«. Somit ist klar nachvollziehbar, in welchem Betrieb das Geflügel geschlachtet oder zerlegt wurde. Ein Kennbuchstabe, z. B. ein D, deutet aber nur darauf hin, dass das Tier in Deutschland geschlachtet wurde, bedeutet aber nicht, dass das Tier auch aus Deutschland stammt. Manche Hersteller, z. B. Wiesenhof, kennzeichnen freiwillig, woher die Eltern kommen, wo das Geflügel geboren und aufgezogen wurde: Steht auf der Verpackung D/D/D/D/D, so bedeutet das, dass das Tier in Deutschland geschlüpft, aufgewachsen und geschlachtet worden ist. Außerdem stammen die Eltern aus Deutschland, und die Futtermühlen stehen ebenfalls in Deutschland.

Wichtig! Auch diese freiwillige Zusatzkennzeichnung sagt nichts über die Aufzucht (ob Freiland oder Massentierhaltung) aus. Man erhält also keine Angabe zur Fütterung und Haltung. Beides sind aber wichtige Aspekte für eine gute Qualität.

- Außerdem muss auf frischem Geflügel eine Verbrauchsempfehlung stehen, also ein exaktes Datum, bis wann der Käufer das Fleisch gegessen haben sollte. Bei tiefgefrorenem Geflügel muss ein Mindesthaltbarkeitsdatum (MHD) zu finden sein.

Woran erkennt man gute Qualität?

Sternekoch Michael Beck hat für Sie einige Tipps zusammengestellt, woran man ein gutes Hühnchen erkennt.

Für frisches Geflügel gilt:

- Geflügel, egal ob ein Bruststück oder im Ganzen, muss die »Fingerdruckprobe« bestehen. Das heißt: Das Fleisch darf sich nicht wabbelig weich anfühlen, sondern muss schön fest sein.
- Außerdem sollte die Farbe des Geflügels nicht käsig weiß sein, sondern fleischfarben. Wenn nicht, stammt das Tier aus einer Intensivhaltung und hat nie Auslauf gehabt. Die Folge: Das Fleisch schmeckt fad und hat eine labbrige Konsistenz.
- Das Brustbein sollte gerade gewachsen sein und nicht nach rechts, links, innen oder außen. Das bedeutet nämlich ebenfalls, dass das Tier nie Auslauf hatte, und das macht sich bei der Fleischqualität bemerkbar: es ist fad, labbrig und ohne Aroma.

- Außerdem sollte das Tier frei von Blutspuren oder Blutergüssen sein. Blutspuren deuten auf eine unhygienische Schlachtung hin. Das Huhn kann dann besonders stark mit Salmonellen belastet sein, die Magen-Darm-Probleme verursachen. Geflügel mit Blutergüssen hatte oft viel Stress, dadurch wird das Fleisch zäh und hat kein Aroma.
- Für ganze Puten gilt: Die Proportionen müssen stimmen. Das Brustbein muss noch zu erkennen sein. Ist dies nicht der Fall, hatte das Tier eine so schwere Brust, dass ihm die Beine weggebrochen sind. Nicht nur ein qualvolles Putenleben also – sondern auch weiches, unaromatisches Fleisch.

Für tiefgefrorenes Geflügel gilt:

- Achten Sie darauf, dass sich keine Eiskristalle unter der Folie gebildet haben und das Geflügel frei von Frostbrand (weißen Stellen auf dem Fleisch) ist. Frostbrand trocknet das Fleisch aus, es schmeckt dann leicht nach Pappe. Außerdem deuten Eiskristalle unter der Verpackung darauf hin, dass die Kühlkette unterbrochen wurde und das Fleisch eine wahre Keimbombe oder vielleicht sogar schon verdorben ist. Keime und verdorbenes Fleisch können schlimme Magen-Darm-Erkrankungen verursachen, die bei geschwächten Personen sogar bis zum Tod führen können.
- Das Mindesthaltbarkeitsdatum (MHD) sollte nicht überschritten sein.

- Prinzipiell sollte man Geflügel aus Auslaufhaltung kaufen, denn das hat in der Regel die beste Qualität. Da diese Tiere im Schnitt länger leben, bringen sie auch mehr Gewicht auf die Waage. Ein guter Indikator neben den anderen Punkten ist deshalb auch die Gewichtsangabe. Hier ein Überblick, was Geflügel – egal ob frisch oder tiefgefroren – wiegen sollte:

Hähnchen	1,5 bis 3,0 kg
Suppenhuhn	2,5 bis 3,5 kg
Pute	2,5 bis 8,0 kg
Gans	3,5 bis 6,0 kg
Ente	1,5 bis 3,5 kg
Perlhuhn	1,5 bis 1,8 kg
Fasan	1,0 bis 1,2 kg

Was sagen Gütesiegel aus?

Auf dem Markt gibt es zahlreiche Gütesiegel für die Produkte. Neben den Verbandszeichen der ökologischen Anbauverbände wie z. B. »Bioland« oder »Demeter« gibt es auch die Öko-Handelsmarken, z. B. »Füllhorn« von Rewe, »Naturkind« von Tengelmann und »Grünes Land« von Metro/Real. Dazu kommen auch regionale Gütezeichen wie z. B. »Ökoqualität garantiert aus Bayern«. Doch alle diese Zeichen – so Studiogast Michael Beck – sagen nichts aus über die Fleischqualität. Viele Zeichen sind Bekundungen der Hersteller, dass ihre Produkte aus kontrolliert ökologischem Landbau stammen.

»service:tr€nds« wollte wissen: Lohnt sich der hohe Preis für Biohähnchen wirklich und hatten die Tiere tatsächlich Auslauf, wie es die Hersteller versprechen?

Der »service:tr€nds«*-Freiland-Hähnchen-Check*

Für unseren Hähnchencheck kauften wir jeweils drei Hähnchen von Wochenmärkten, Feinkostläden, Metzgereien und Biohändlern. Das Geflügel kostet bis zu 11,50 € pro Kilo, also fast doppelt so viel wie Masthähnchen aus dem Supermarkt. Wir sind gespannt: Hatten die teuren Freiland- und Biohähnchen tatsächlich Auslauf?

Für die Stichprobe kennzeichnen wir alle Hähnchen. Anonym verpackt bringen wir sie dann zu Sternekoch und Geflügelexperte Michael Beck. Er nimmt für uns die Kandidaten unter die Lupe. Ein Freiland- oder ein Biohähnchen, das Auslauf hatte, erkennt unser Experte an einer fleischfarbenen Haut, an einer festen Fleischkonsistenz und an einem gerade gewachsenen Brustknochen.

Unsere Testkandidaten:

Check 1 – die Hähnchen von den Wochenmärkten: Erfreuliches Ergebnis: Alle drei Kandidaten hatten tatsächlich Auslauf, sind also empfehlenswert.

Check 2 – die Hähnchen aus den Feinkostläden: Auch hier hatten alle Kandidaten tatsächlich Auslauf.

Check 3 – die Hähnchen aus den Metzgereien: Hier mussten wir feststellen, dass die Verbraucher kräftig über den Tisch gezogen werden, denn zwei von drei Hähnchen kamen aus der Masthaltung. Diese beiden Kandidaten hatten nämlich keine fleischfarbene Haut, sondern eine wabbelige Fleischkonsistenz, also kaum Muskeln, und waren schlicht zu klein, deutliche Hinweise darauf, dass sie keinen Freilauf hatten.

Check 4 – die Hähnchen von den Biohändlern: Das Ergebnis war auch hier erschreckend: Zwei der Bio-Hähnchen, die wir eingekauft hatten, sind sogar mit einem staatlichen Biosiegel »nach EG-Öko-Verordnung« ausgezeichnet. Doch nur eines der beiden hatte auch tatsächlich Auslauf und dieses Siegel damit verdient. Bei dem zweiten Biohähnchen mit Siegel handelt es sich um ein minderwertiges Masthuhn mit schlechter Fleischqualität, blasser Haut und einem schief gewachsenen Brustbein. Deshalb hatte dieses Hähnchen – nach Meinung unseres Experten – niemals Auslauf und wird im Handel vollkommen überteuert angeboten. Das dritte Biohähnchen ohne Siegel dagegen war in Ordnung, hatte also Auslauf.

Fazit:

Bei angeblichen Bio- oder Freilandhähnchen heißt es also aufgepasst. Der Einkauf ist reine Vertrauenssache, sogar auf staatliche Gütesiegel ist anscheinend kein Verlass.

Was ist besser – tiefgefrorenes oder gekühltes Geflügel?

Studiogast und Sternekoch Michael Beck empfiehlt aufgrund des besseren Aromas, immer frisches Geflügel zu kaufen, denn durch das Einfrieren gelangt immer Wasser in die Fleischzellen und führt zusätzlich zu Wasserablagerungen in den Muskeln. Die Folge: Das Fleisch schmeckt ein wenig verwässert und damit fader als frisches Geflügel.

Da tiefgefrorenes Geflügel am günstigen ist, hat »service:tr€nds« für Sie sowohl frische als auch tiefgefrorene Hähnchen und Hähnchenbrustfilets getestet.

Die »service:tr€nds«*-Hähnchen-Tests*

1. Tiefgefrorene Hähnchen

Wir wollen wissen: Welches Hähnchen aus der Tiefkühltruhe ist am besten? Getestet hat für uns das Chemische Untersuchungslabor Dr. Budde in Darmstadt.

Unsere Testkandidaten:

Produkte	erhältlich z. B. bei	Preis/kg
Erlenhof Hähnchen	HL, toom	1,58 €
Sprehe	Plus	1,58 €
Stolle Landhähnchen	HL, Tengelmann, Penny	1,87 €
Wiesenhof	real	2,00 €
Erlenhof Feinschmecker	toom, HL	2,49 €

Unsere Testkriterien:

Test 1 – Sensorik: Hier prüften die Experten Geruch und Aussehen. Das Hähnchen von Stolle hatte blau-graue Verfärbungen im unteren Bauchraum. Das heißt: Das Tier ist krank und hätte bereits im Schlachtbetrieb aussortiert werden müssen. Deshalb wurde das Hähnchen von Stolle aus allen weiteren Tests ausgeschlossen. Die übrigen Testkandidaten haben in puncto Sensorik dagegen mit »gut« abgeschnitten.

Unsere tiefgefrorenen Testkandidaten.

Test 2 – Gewichtsverhältnisse und Haltung: Ein gutes Hähnchen, das genug Auslauf hatte, kann man u. a. daran erkennen, dass es mehr als 23 % Brust und mehr als 3 % Keule hat. Ist das nicht der Fall, stammt das Hähnchen aus intensiver Bodenhaltung und hatte keinen Auslauf.
Test 3 – Gewichtsverlust beim Garen: Ein gutes tiefgefrorenes Hähnchen sollte nicht mehr als 20 % seines Gewichts verlieren, sonst ist die Qualität des Fleisches schlecht. Die Folge: Das Fleisch wird später beim Braten zu trocken.
Test 4 – Keime: Ist die Gesamtkeimzahl zu hoch, heißt das, das Hähnchen wurde unhygienisch geschlachtet. Das kann, wenn man das Fleisch nicht richtig durchgart, zu schlimmen Magen-Darm-Verstimmungen führen.

So haben wir bewertet:
Einzelergebnisse in Noten von »sehr gut« bis »ausreichend«. Die Testkriterien wurden alle gleich stark gewichtet.

Unser Endergebnis:

Produkte	Note Einzelkriterien				Endnote
	Sensorik	*Gewichts-verhältnisse, u. a. Haltung*	*Gewichts-verlust beim Garen*	*Keime*	
Erlenhof Feinschmecker	gut (2)	gut (2)	befriedigend (3)	sehr gut (1)	gut (2)
Erlenhof Hähnchen	gut (2)	ausreichend (3,5)	ausreichend (4)	sehr gut (1)	befriedigend (2,6)
Sprehe	gut (2)	befriedigend (2,5)	befriedigend (3)	gut (1,7)	gut (2,3)
Wiesenhof	gut (2)	befriedigend (3)	ausreichend (4)	sehr gut (1)	befriedigend (2,5)

Fazit:
Die Note **»gut«** gab es nur für das Feinschmeckerhähnchen von »Erlenhof« und »Sprehe«. Da aber **»Sprehe«** von **Plus** mit 1,58 € pro Kilo das Günstigere von beiden ist, ist es unser »service:trends«-**Testsieger**.

2. Gekühlte Frischhähnchen

Wir wollen wissen: Welches gekühlte Frischhähnchen ist am besten? Getestet hat für uns das Chemische Untersuchungslabor Dr. Budde in Darmstadt. Die Testkriterien waren dieselben wie bei den tiefgefrorenen Hähnchen.

Unsere Testkandidaten:

Produkte	erhältlich z. B. bei	Preis/kg
père dodu	toom	2,49 €
Gourmet Geflügel	real	2,99 €
Farmfrisch	toom	2,99 €
Heidegold	Plus	2,99 €
AiA	Tengelmann	4,55 €

Unser Endergebnis:

Produkte	Note Einzelkriterien				Endnote
	Sensorik	*Gewichts-verhältnisse, u. a. Haltung*	*Gewichts-verlust beim Garen*	*Keime*	
Gourmet Geflügel	gut (2)	ausreichend (3,5)	gut (1,5)	sehr gut (1)	gut (2,1)
Père dodu	gut (2)	ausreichend (4)	ausreichend (4)	befriedigend (3,3)	befriedigend (2,7)
Farmfrisch	gut (2)	gut (2)	sehr gut (1)	befriedigend (3)	gut (2)
Heidegold	gut (2)	befriedigend (3)	befriedigend (2,5)	befriedigend (3)	befriedigend (2,6)
AiA	gut (2)	befriedigend (2,5)	gut (1,5)	befriedigend (2,7)	gut (2,2)

Fazit:

Die Note **»gut«** gab es nur für das »Gourmet Geflügel«, »Farmfrisch« und »AiA«. Da aber das **»Gourmet Geflügel«** von **real** und **»Farmfrisch«** von **toom** mit 2,99 € pro Kilo von den dreien am günstigsten sind, sind sie unsere **»service:trends«-Testsieger**.

3. Tiefgefrorene Hähnchenbrustfilets (mit 8 % Flüssigwürze)

Wir wollten wissen: Welches Hähnchenbrustfilet mit Flüssigwürze aus der Tiefkühltruhe ist am besten? Getestet hat für uns das Chemische Untersuchungslabor Dr. Budde in Darmstadt.

Unsere Testkandidaten:

Produkte	erhältlich z. B. bei	Preis/kg
Tip	Plus	4,38 €
Juwel	toom	4,38 €
Country Dreams	Plus	4,38 €
Stolle	Tengelmann	4,38 €
Salto	HL, toom	4,78 €

Unsere Testkriterien:
Test 1 – Sensorik: Ein gutes Hähnchenbrustfilet sollte frisch riechen. Unangenehmer Altgeruch dagegen ist ein sicheres Zeichen dafür, dass unsauber geschlachtet und das Hähnchen falsch gelagert wurde.
Test 2 – Der Gewichtsverlust beim Garen: Je mehr Wasser das Hähnchenbrustfilet beim Garen verliert, desto schlechter ist die Qualität des Fleisches. Die Folge: Beim Braten wird das Fleisch zu trocken.
Test 3 – Keime: Wenn die Gesamtkeimzahl sehr hoch ist, bedeutet das, dass beim Schlachten unsauber gearbeitet wurde. Und dann schnellt die Zahl der Krankheitserreger wie z. B. Salmonellen schlagartig nach oben. Wenn das Fleisch dann beim Verzehr nicht völlig gar ist, kann das zu Salmonellenvergiftung, also einer schlimmen Magen-Darm-Erkrankung, führen.

Welches gekühlte Hähnchenbrustfilet ist am besten?

So haben wir bewertet:
Einzelergebnisse in Noten von »sehr gut« bis »ausreichend«. Die Testkriterien wurden alle gleich stark gewichtet.

Unser Endergebnis:

Produkte	Note Einzelkriterien			Endnote
	Sensorik	*Gewichtsverlust beim Garen*	*Keime*	
Tip	gut (2)	gut (2)	gut (1,6)	gut (1,9)
Salto	gut (2)	ausreichend (4)	gut (2)	befriedigend (2,7)
Juwel	gut (2)	befriedigend (3)	gut (1,6)	gut (2,2)
Country Dreams	gut (2)	ausreichend (4)	sehr gut (1)	gut (2,3)
Stolle	gut (2)	befriedigend (3)	sehr gut (1,3)	gut (2,1)

Fazit:
Mit Note **»gut«** haben: **»Tip«**, **»Country Dreams«**, **»Juwel«** und **»Stolle«** abgeschnitten. Da diese Produkte alle 4,38 € pro Kilo kosten, sind sie unsere **»service:trends«**- Testsieger.

4. Gekühlte Frischhähnchenbrustfilets

Wir wollten wissen: Welches gekühlte Frischhähnchenbrustfilet ist am besten? Getestet hat für uns das Chemische Untersuchungslabor Dr. Budde in Darmstadt. Die Testkriterien waren dieselben wie bei den tiefgefrorenen Hähnchenbrustfilets.

Unsere Testkandidaten:

Produkte	erhältlich z. B. bei	Preis / kg
Stolle	Penny	5,98 €
père dodu	toom	5,98 €
Heidegold	Plus	6,49 €
Tengelmann	Tengelmann	6,90 €
Gourmet Geflügel	real	8,29 €
Wiesenhof	real	8,99 €

Unser Endergebnis:

Produkte	Note Einzelkriterien			Endnote
	Sensorik	*Gewichtsverlust beim Garen*	*Keime*	
Gourmet Geflügel	gut (2)	befriedigend (3)	ausreichend (4)	befriedigend (3)
Wiesenhof	gut (2)	befriedigend (3)	ausreichend (3,7)	befriedigend (2,9)
Stolle	gut (2)	befriedigend (3)	gut (2)	gut (2,3)
père dodu	gut (2)	ausreichend (4)	ausreichend (3,7)	befriedigend (3,2)
Heidegold	befriedigend (3)	befriedigend (3)	befriedigend (3,3)	befriedigend (3,1)
Tengelmann	gut (2)	befriedigend (3)	befriedigend (3,3)	befriedigend (2,8)

Fazit:

Die Note **»gut«** gab es nur für **»Stolle«** von **Penny.** Deshalb ist Stolle unser **»service:trends«-Testsieger**.

KÜCHENPRAXIS

Aufbewahrung von Geflügel

Frische Ware sollten Sie zuhause bei 4–6 °C aufbewahren. Sternekoch Michael Beck empfiehlt, frisches Geflügel auf einen Teller zu packen und mit Folie abzudecken. Sie sollten aber kleine Schlitze in die Folie schneiden, damit das Geflügel Luft bekommt. Der Grund: Das Geflügelfleisch schwitzt sonst, das verursacht Staufeuchtigkeit und treibt die Keimzahl der Salmonellen in die Höhe. Die Folge: Das Fleisch beginnt zu muffeln und wird ungenießbar.

Frisches Geflügel sollten Sie außerdem nicht länger als 2–3 Tage im Kühlschrank aufbewahren. Für tiefgefrorene Ware sollten Sie mindestens ein 3-Sterne-Kühlfach haben oder eine Kühltruhe. Beides sollte eine Temperatur von mindestens –16 °C haben.

Tipp: Studiogast Michael Beck empfiehlt, tiefgefrorenes Geflügel vier Wochen vor Ablauf des Mindesthaltbarkeitsdatum zu verzehren. Da z. B. durch das Öffnen der Kühltruhe die Temperatur nicht permanent gleich hoch gehalten werden kann, könnte das Fleisch auch schon vor Ablauf des Mindesthaltbarkeitsdatums verderben.

Wie kann man Salmonellen vermeiden?

Um Salmonellen zu vermeiden, sollte man auf folgende Punkte achten:

- Eine geöffnete Verpackung immer entfernen und wegwerfen, niemals ein zweites Mal verwenden.
- Beim Auftauen zuerst die Verpackung entfernen und wegwerfen, dann die tiefgefrorene Ware in ein Gefäß – am besten mit Siebeinsatz – legen und zudecken. Zum Auftauen auf jeden Fall in den Kühlschrank stellen.

Wichtig! Ein 1000 g schweres Hähnchen braucht ca. 24 Stunden, bis es völlig aufgetaut ist.

Sternekoch Michael Beck weiß wie Geflügel frisch bleibt.

- Das Auftauwasser bei tiefgefrorenem Geflügel auf jeden Fall wegschütten.
- Den Kontakt mit anderen Lebensmitteln vermeiden. Das Geflügel deshalb immer auch getrennt von anderen Lebensmitteln aufbewahren und zubereiten.
- Arbeitsfläche, Geräte und Hände, die mit rohem Geflügel in Berührung kommen sind, immer mit heißem Wasser gründlich säubern.
- Geflügel unter fließendem kaltem Wasser waschen. Niemals warmes Wasser verwenden, denn dies erhöht die Anzahl der Keime. **Tipp:** Das Geflügel nach dem Waschen mit einem Küchenpapier trocken tupfen, so wird das Fleisch nicht wässrig. Das Küchenkrepp anschließend sofort in den Abfalleimer werfen und nicht in der Küche liegen lassen, denn auch dort vermehren sich sonst die Salmonellen.
- Alle Flächen und das Geschirr, das mit dem rohen Geflügel in Berührung gekommen ist, immer sofort mit heißem Wasser reinigen oder sofort in die Spülmaschine stellen.
- Geflügel niemals roh, sondern immer nur gar verzehren.

Woran erkennt man verdorbenes Geflügel?

Verdorbenes Geflügel erkennen Sie an einem unangenehm stechenden Geruch und an einer glitschigen Schleimschicht auf der Oberfläche. In beiden Fällen das Geflügel sofort wegwerfen, denn Sie könnten sich sonst eine Salmonellenvergiftung zuziehen.

Ernährungsexperte Sven-David Müller empfiehlt, selbst bereits zubereitetes Geflügel niemals länger als einen Tag im Kühlschrank aufzubewahren. Der Grund: Das Geflügel wird schnell sauer und kann nach dem Verzehr zu starken Durchfällen führen.

Wie wird Geflügel richtig gewürzt?

Geflügel sollte vor dem Garen stets nur innen gewürzt werden, da sonst die zarte Haut lederhart wird. Zum Würzen von Geflügel eignen sich:

- **Gewürze:** Pfeffer, Paprika, Curry, Koriander und Wacholderbeeren,
- **Kräuter:** Estragon, Oregano, Thymian, Basilikum, Ingwer, Salbei, Lorbeer und Rosmarin sowie bei den vorwiegend frischen Kräutern: Schnittlauch, Dill, Kerbel, Petersilie, Knoblauch und Zwiebeln.

Wichtig! Sternekoch Michael Beck empfiehlt, bei Enten nur mit Salz zu würzen, denn dieses Geflügelfleisch hat schon ein sehr starkes Eigenaroma, das durch starkes Würzen ruiniert würde. Bei dem weißen Geflügelfleisch von Pute und Hähnchen ist dagegen alles erlaubt, denn es hat nur wenig Eigenaroma. Je nach Geschmack können Sie beim Dünsten und Dämpfen Wein und Kräuter dazugeben.

Exklusiv-Rezepte von Sternekoch Michael Beck

Mariniertes Teufelshähnchen

Zutaten:

2 Brathähnchen (je ca. 1,5 kg)

4 Zitronen

6–8 getrocknete Chilischoten

20 Salbeiblätter

200 ml Sonnenblumenöl

Salz und Pfeffer je nach Geschmack

Zubereitung:

Hähnchen auf der Brustseite mit der Geflügelschere aufschneiden, flachdrücken und auf ein Stück Alufolie legen. Die Marinade wie folgt zubereiten: den Saft der Zitronen (2 Stück) mit dem Sonnenblumenöl (200 ml) und etwas Salz und Pfeffer verquirlen. Die Chilischoten (6–8 Stück je nach gewünschter Schärfe) zuerst entkernen, anschließend mit einem Messer winzig klein hacken. **Tipp:** Sofort die Hände waschen. Gelangt der Chilisaft nämlich versehentlich in die Augen, brennt das fürchterlich.

Nun die Salbeiblätter (20 Stück) in feine Streifen schneiden und mit den Chilischoten zusammen in das schon vorbereitete Sonnenblumenöl (200 ml) rühren. Dann das Hähnchen von beiden Seiten mit der Marinade begießen und gut einreiben. Das Ganze in Alufolie wickeln und 2 Stunden durchziehen lassen. Den Backofen auf 150 °C oder bei Gas auf 200 °C vorheizen. Nun das Hähnchen in der Folie auf ein Blech legen und in den Ofen schieben. Die Folie oben öffnen und zur Seite klappen, damit die Haut schön kross wird. Garzeit: im Gasofen (vorgeheizt) auf Stufe 3 ca. eine Stunde, im Elektrobackofen (mit Umluft und vorgeheizt) bei 150 °C ca. eine Stunde lang. Wer möchte, kann das fertige Hähnchen mit Zitronenscheiben der beiden übrig gebliebenen Zitronen garnieren.

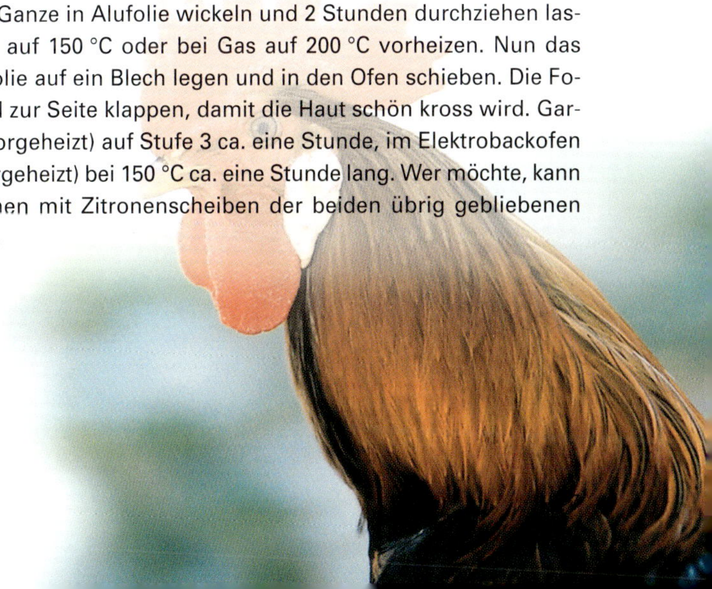

Hähnchenbrustfiletspieße mit Erdnusssoße

Zutaten für die Filets:

8 Hähnchenbrustfilets von je ca. 50 g

etwas Sonnenblumenöl

Salz und Pfeffer je nach Geschmack

Holzspieße (ca. 20 cm)

Zubereitung:

Die Hähnchenbrustfilets (8 Stück) auf die Holzspieße aufziehen und je nach Geschmack mit etwas Salz und Pfeffer würzen. Dann in einer Pfanne Sonnenblumenöl erhitzen und die Hähnchenbrustfilets auf jeder Seite etwa 3 Minuten goldbraun braten.

Zutaten für die Erdnusssoße:

2 EL Erdnussbutter

1 unbehandelte Limone

20 g Weizenstärke (z. B. Mondamin)

100 ml trockener Weißwein

1 TL Honig

je nach Geschmack eine kleine Prise Chilipulver

Zubereitung:

Den Limonensaft (von einer Limone) und den Weißwein (100 ml) in einem Topf erhitzen. Dann Erdnussbutter (2 EL), Honig (1 TL), die komplett geriebene Schale einer Limone und eine kleine Prise Chilipulver dazugeben. Anschließend je nach Geschmack mit Salz und Pfeffer würzen und zum Schluss mit Weizenstärke (20 g) binden. Zum Schluss die Soße über die bereits fertig gebratenen Hähnchenbrustfilets gießen.

Hähnchenbrust gefüllt mit Mozzarella und getrockneten Tomaten

Zutaten für die Hähnchenbrust:

4 Hähnchenbrüste von je ca. 130 g

160 g Mozzarella

80 g getrocknete Tomaten

10–15 Basilikumblätter

Salz und Pfeffer nach Geschmack

Zubereitung:

Für die Füllung der Hähnchenbrüste (4 Stück) Mozzarella (160 g) und getrocknete Tomaten (80 g) fein würfeln. Das Basilikum in Streifen schneiden und dazugeben, mit Salz und Pfeffer – je nach Geschmack – würzen und umrühren. Dann in jede Hähnchenbrust mit einem scharfen Messer eine Tasche schneiden und die fertige Füllung hineingeben. Die Hähnchenbrüste nun in einer Pfanne auf beiden Seiten in Sonnenblumenöl je 3–4 Minuten anbraten und im vorgeheizten Elektroofen bei 150 °C (Umluft) ca. 15 Minuten garen. Dazu passen Saisongemüse und Tagliatelle.

RAN AN DIE KARTOFFELN!

Was ist drin in Pommes & Co.?

Wie gesund sind Kartoffeln?

Kartoffeln sind echte Energiepakete und halten schlank. 100 g Kartoffeln haben nämlich nur etwa 70 kcal. Zum Vergleich: 100 g Mettwurst enthält 365 kcal. Der Grund: Kartoffeln haben gerade mal 0,1 % Fett. Fett ist also in der Kartoffel nur in Spuren nachzuweisen, stattdessen enthält die Knolle einen hohen Anteil an Wasser, Kohlenhydraten, Ballaststoffen und hochwertigem Eiweiß. Nicht vergessen werden darf aber, dass Salzkartoffeln und Kartoffelpürree einen hohen glykämischen Index hat. Der beste Schlankmacher ist die Pellkartoffel.

Ein weiterer Grund, bei Kartoffeln zuzulangen, ist der Vitamin C- und Mineralstoffanteil. In 100 g Kartoffeln stecken ungefähr 14 mg Vitamin C. Das stärkt das Immunsystem und schützt vor frühzeitiger Hautalterung. 250 g Kartoffeln decken somit die Hälfte des Tagesbedarfs an Vitamin C. Auch der Kalium- und Magnesiumanteil in der Kartoffel kann sich sehen lassen. Kalium und Magnesium bringen den Stoffwechsel und somit alle Körperzellen auf Touren. Zusätzlich beugt Magnesium Muskelkrämpfen vor.

Am gesündesten ist die Kartoffel als Pellkartoffel, also ungeschält. Die wasserlöslichen Vitamine wie das Vitamin C und die Mineralstoffe Kalium und Magnesium können dann nicht so gut entweichen. Deshalb sollte man die Kartoffel immer nur mit Schale verarbeiten.

Welche Kartoffelsorten gibt es?

Studiogast und Sternekoch Michael Beck hat für Sie die besten und bekanntesten Kartoffelsorten nach Kocheigenschaft aufgelistet.

Festkochende Sorten

Festkochende Kartoffeln platzen beim Kochen nicht auf, haben eine feste Konsistenz, sind feinkörnig und feucht. Der Geschmack ist mild und kräftig, sie sind schnittfest und deshalb besonders gut geeignet für Salate, Gratin, Brat-, Pell- und Salzkartoffeln. Gute festkochende Kartoffeln sind:

Bamberger Hörnchen	gelbfleischige, längliche, alte deutsche Spätsorte, hervorragend im Geschmack
Cilena	frühe, birnenförmige deutsche Sorte mit schöner gelber Fleischfarbe
Hansa	mittelfrühe norddeutsche Sorte, sehr gut im Geschmack
Linda	mittelfrühe deutsche Sorte, langovale bis lange Knolle mit tiefgelbem Fleisch und aromatischer feiner Geschmack
Nicola	mittelfrühe deutsche Sorte mit gelbem Fleisch, beliebt und gut geeignet als Salatkartoffel
Renate	frühe Knolle mit tiefgelber Fleischfarbe
Selma	mittelfrühe Salatkartoffel mit langovaler Knollenform und sehr heller Schale
Sieglinde	frühe, beliebte deutsche Kartoffel, lang und meist oval mit gelbem Fleisch und feinem Geschmack, das ganze Jahr über erhältlich

Vorwiegend festkochende Sorten

Vorwiegend festkochende Kartoffeln springen beim Kochen nur wenig auf, sind mäßig feucht und feinkörnig. Im Geschmack sind sie mild bis kräftig. Sie eignen sich besonders gut für Pommes frites, Pellkartoffeln oder als Beilage für soßenreiche Gerichte. Gute vorwiegend festkochende Kartoffeln sind:

Accent	späte, rundovale, gelbfleischige Kartoffelsorte aus Deutschland
Agria	deutsche mittelfrühe Kartoffel mit gutem Geschmack
Atica	sehr frühe Kartoffel aus Deutschland, gelbe Fleischfarbe und milder, angenehm kräftiger Geschmack
Christa	sehr frühe Sorte aus Deutschland mit einer gelben Fleischfarbe
Désiree	mittelfrühe, ovale Sorte aus den Niederlanden
Granola	mittelfrühe deutsche Sorte, im Geschmack sehr mild
Grata	hochwertige, mittelfrühe Sorte aus Deutschland mit ausgeprägtem Geschmack
Karat	frühe Kartoffelsorte aus Mecklenburg-Vorpommern mit hellgelber Fleischfarbe
Maja	mittelfrühe deutsche Sorte, gelbfleischige Knolle mit rauer Schale
Marabel	frühe, rundovale Sorte mit gelbem Fleisch und relativ heller Schale

Mehligkochende Sorten

Mehligkochende Kartoffeln platzen beim Kochen in der Schale sehr stark auf, sind trocken und grobkörnig. Im Geschmack sind sie meist kräftig. Nach dem Kochen sind die Kartoffeln so locker, dass sie sich besonders gut zum Rösten, Backen, Zerstampfen und Frittieren eignen. Aus ihnen lassen sich am besten Pürees, Eintöpfe, Reibekuchen, Rösti, Kroketten und Knödel zaubern. Gute mehligkochende Kartoffeln sind:

Aula	mittelspäte, recht große Knolle, mit fast tiefgelber Fleischfarbe und angenehm kräftigem Geschmack
Bintje	sehr frühe niederländische Sorte, klassisch für Pommes Frites und Chips
Karlena	frühe deutsche Sorte mit rundovaler Knolle
Topinambur	kleine, am Ende spitz zulaufende, leicht violette Süßkartoffel, Fleisch stets weiß bis cremefarben; aufgrund der geringen Stärke hervorragend für Diabetiker geeignet; das ganze Jahr im Handel erhältlich
Violette Noir	späte französische Sorte, auch »Trüffelkartoffel« genannt, mit einem edlen Nussaroma

Was sollte man beim Kartoffelkauf beachten?

Unser Ernährungsexperte Sven-David Müller hat für Sie zusammengestellt, worauf Sie beim Kartoffelkauf achten sollten.

- Eine gute Kartoffel sollte einen erdigen Geruch haben, nicht gammelig oder muffig riechen, sonst ist sie bereits zu lange gelagert worden. Das Vitamin C baut sich nämlich mit zunehmender Lagerzeit ab.

  Tipp: Die Kartoffeln innerhalb von zwei Wochen nach dem Einkauf verzehren.
- Außerdem sollten Kartoffeln nicht glitschig oder feucht sein und keine Runzeln und Druckstellen haben. Das alles sind nämlich Zeichen für eine Knolle, die schneller schimmelt. Gute Kartoffeln sollten außen eine gleichmäßige gelb-braune Farbe haben und trocken sein.

  Tipp: Kartoffeln niemals im Plastiksack kaufen, denn darin schwitzen und schimmeln sie schneller. Idealerweise sollten Kartoffeln in einem Gitternetz aus Naturfasern oder Kunststoff (Zwiebelsack) oder in einem Papiersack angeboten werden.
- Die Kartoffeln sollte weder Keimlinge noch grüne Stellen haben, denn grüne Stellen enthalten das schädliche Solanin. Dies kann beim Verzehr zu Krebs führen. Außerdem verändert es den Geschmack der Kartoffel negativ. Keimlinge sind schädlich, weil sie gesundheitsschädliche Substanzen enthalten.
- Die besten Kartoffeln bekommen Sie direkt beim Bauern, denn da ist die Lager- und Transportzeit in der Regel am kürzesten. Außerdem haben die Kartoffeln dann meist den besten Geschmack und höchsten Vitamin-C-Gehalt.

Unsere Expertenrunde ist sich einig: Kartoffeln sind gesunde Sattmacher.

Wie lagert man die tolle Knolle richtig?

Für die richtige Lagerung – so Ernährungsexperte Sven-David Müller – gilt: die Kartoffeln kühl, dunkel, trocken und vor allem luftig aufbewahren. Also nicht ins Gemüsefach im Kühlschrank. Die Kartoffeln am besten in einem Leinensack im Keller oder der Speisekammer bei einer Temperatur unter 15 °C lagern, denn wird die Kartoffel zu feucht, zu warm und nicht lichtgeschützt gelagert, schimmelt sie schnell und verliert an wertvollen Inhaltsstoffen (Abbau von Vitamin C) und Geschmack.

Kartoffeln vertragen auch keinen Frost, sie schmecken dann süßlich und faulen. Der Grund: Die Stärke wandelt sich während der Lagerung in Zucker um, der bei Frosteinwirkung nicht mehr verarbeitet wird. Deshalb die Knolle auch nicht nur für kurze Zeit dem Frost aussetzen. **Wichtig:** Sind die Kartoffeln geschimmelt, werfen Sie das Gemüse sofort weg. Schimmelpilze sind gefährlich, sie können Krebs verursachen.

Tipp: Um den optimalen Geschmack- und Vitaminanteil zu haben, bewahren Sie Kartoffeln nicht länger als zwei Wochen auf, gut lagerfähige nicht länger als einen Monat.

Wie gesund sind Fertigprodukte aus Kartoffeln?

Ernährungsexperte Sven-David Müller hat für Sie aufgeführt, was Fertigprodukte, z. B. Püree und Klöße, wirklich taugen.

Kartoffelpüree

Kartoffelpüree gibt es im Handel nur als Trockenprodukt zu kaufen. Das heißt, man kauft die fertigen Kartoffelflocken und rührt sie mit Milch oder Wasser zu einem Püree. Ernährungsexperte Sven-David Müller rät von fertigen Pürees aus der Tüte ab, da der GI-Wert (Glykämischer Index) zu hoch ist. Die industrielle Verarbeitung (Erhitzen, Gefriertrocknen, Zerkleinern) treibt den GI in die Höhe. Der Grund: Durch diesen Arbeitsprozess wird die Stärke leichter aufschließbar und ist so quasi schon vorverdaut. Das lockt das Blutzuckerhormon Insulin stärker ins Blut als bei selbstgemachten Produkten. Das Problem: Solange Insulin im Blut ist, kann der Körper kein Fett abbauen und es tritt kein Sättigungsgefühl ein. Die Folge: Man nimmt schneller zu. Deshalb empfiehlt Studiogast Sven-David Müller, das Püree am besten selbst zu machen. Außerdem

Kartoffelklöße schmecken selbst gemacht am besten!

enthält Fertigpüree deutlich weniger Vitamine und Mineralstoffe. Das belegt auch eine Studie der Bundesforschungsanstalt für Ernährung aus den 90er-Jahren.

Kartoffelchips

Wichtig: Generell gilt beim Frittieren, Rösten und Braten von stärkehaltigen Lebensmitteln, wie z. B. Kartoffeln: Bei einer Temperatur von mehr als 160 °C entsteht die besonders aggressive Substanz Acrylamid, die bereits durch die Schlagzeilen ging. Acrylamid wird als Stoff eingestuft, der mit einer gewissen Wahrscheinlichkeit Krebs auslösen kann. Allerdings gibt es bisher nur Ergebnisse aus Tierversuchen. Die höchsten Konzentrationen in Kartoffelprodukten wurden in Pommes und Kartoffelchips gemessen. Deshalb rät Ernährungsexperte Sven-David Müller, diese Lebensmittel nicht öfter als alle zwei Wochen zu essen. Auch das Verbraucherministerium empfiehlt, Chips, Pommes & Co. nicht täglich zu verzehren.

Neben der Acrylamidgefahr sind Chips zusätzlich noch richtige Kalorien- und Fettbomben, da sie meist in ungesunden Fetten frittiert werden, also in gesättigten Fetten, die den Cholesterinspiegel erhöhen und zu Arteriosklerose führen können. Auch Chips enthalten kaum noch Vitamine und Mineralstoffe.

Rösti

Rösti gibt es tiefgefroren oder im Kühlregal zu kaufen. Tiefgekühlte Rösti sind besser als die Rösti aus dem Kühlregal, da sie vitaminschonender verarbeitet und gelagert werden. Das heißt: Die hitzeempfindlichen und wasserlöslichen Vitamine wie Vitamin C und B sind in Tiefkühlprodukten in höheren Konzentrationen enthalten. Prinzipiell gilt aber auch hier (da die industrielle Zubereitung, also das Vorfrittieren, meist in ungesunden, also gesättigten Fetten, geschieht), dass sich der Cholesterinspiegel erhöht und die gesättigten Fettsäuren zu Arteriosklerose und Herzinfarkt führen können.

Kartoffelklöße

Kartoffelklöße gibt es zum Anrühren als Trockenprodukt und als fertige Klöße im Kühlregal zu kaufen. Aber auch hier empfiehlt Studiogast Sven-David Müller, die Klöße am besten selbst zu machen, da Kartoffelklöße aus Trockenpulver einen sehr hohen GI-Wert haben und kaum noch Vitamine und Mineralstoffe enthalten (siehe Kartoffelpüree).

Gnocchi und Schupfnudeln

Diese gibt es als Tiefkühlprodukte und fertig aus dem Kühlregal zu kaufen. Da Tiefkühlprodukte einen höheren Vitamin-C-Gehalt haben, sind sie besser als Produkte aus dem Kühlregal.

Pommes Frites

Sie gibt es im Supermarkt für die Friteuse oder den Backofen zu kaufen. Die tiefgekühlten Stäbchen sind kein gesundes Nahrungsmittel. Der Grund: Pommes sind extrem fettreich, machen also dick. Dazu kommt, dass das Fett, in dem die Pommes vorfrittiert werden, oft ungesund ist (da oft gesättigte Fette verwendet werden). Außerdem bilden sich beim Erhitzen von Fetten oder Ölen so genannte Transfettsäuren, die zu Arteriosklerose führen können. Zusätzlich sind die Pommes durch die Acrylamiddiskussion in Verruf geraten (siehe Kartoffelchips).

Wer auf den Genuss von Pommes nicht verzichten möchte, sollte sie am besten selbst in der Friteuse machen. Das hat den Vorteil, dass man das Fett und den Fettwechsel selbst bestimmen kann. Allerdings müssen Pommes Frites in Fetten wie Palmin oder Biskin erhitzt werden, da nur dieses Fett bis 220 °C erhitzbar ist. Gesundes Raps- oder Sojaöl verbrennt bei diesen Temperaturen und es bilden sich krebserregende Stoffe. Das Öl sollte nicht öfter als zweimal benutzt werden, denn beim Erhitzen bilden sich krebserregende Stoffe. Optimal wäre es sogar, das Fett nur einmal zu verwenden.

Wichtig! Die Pommes sollten schnell eine Kruste bilden, damit beim weiteren Frittieren nicht so viel Fett in die Stäbchen eindringen kann. Deshalb die Pommes bei 180 °C Celsius in die Friteuse geben. Wer Pommes lieber fertig kauft, sollte darauf achten, dass sie für den Backofen geeignet sind und der Fettgehalt nicht höher als 2,9 % ist.

Wir haben elf Markenprodukte für Sie testen lassen.

Der »service:tr€nds«*-Backofenpommes-Test*

Wir wollten wissen: Welche Pommes für den Backofen sind die besten? Getestet hat für uns das Chemische Untersuchungslabor Dr. Budde in Darmstadt.

Unsere Testkandidaten:

Produkte (Hersteller)	Inhalt	erhältlich z. B. bei	Preis	Preis/750 g
Fri D'Or (Plus)	750 g	Plus	0,65 €	0,65 €
Tip (real)	750 g	real	0,65 €	0,65 €
Salto (Rewe)	750 g	HL, Penny, miniMAL	0,65 €	0,65 €
Bördegold	750 g	Tengelmann	0,65 €	0,65 €
Marena (Rewe)	1.000 g	Penny	0,88 €	0,66 €
Steakhouse (Plus)	600 g	Plus	0,75 €	0,94 €
Agrarfrost	750 g	Tengelmann, HL	0,99 €	0,99 €
Potato Familiy (Tengelmann)	750 g	Tengelmann	1,29 €	1,29 €
1-2-3 McCain	750 g	HL, real, Plus	1,29 €	1,29 €
Naturkost (real)	750 g	real	1,49 €	1,49 €
Füllhorn (Rewe)	750 g	HL, miniMAL	1,59 €	1,59 €

Unsere Testkriterien:

Test 1 – Verarbeitungsqualität: Bei einer guten Backofenpommes sollten alle dunklen Stellen, Augen und Hautreste von den Kartoffeln entfernt worden sein.

Test 2 – Wassergehalt: Er sollte bei Backofenpommes nicht über 67 % liegen. Ein Wassergehalt über 67 % bedeutet, dass die Pommes nicht genügend vorfrittiert sind. Dann werden sie später beim Backen zu trocken. Außerdem erhöht Wasser das Gewicht, und das zahlt der Verbraucher.

Test 3 – Fettgehalt: Sehr gute Backofenpommes sollten nicht mehr als 2,9 % Fett enthalten, denn zu viel Fett macht dick und ist ungesund.

Test 4 – freie Fettsäuren: Wenn viele freie Fettsäuren in Pommes sind, deutet das darauf hin, dass zu altes Fritierfett verwendet wurde.

Test 5 – Zubereitungsangaben: Die Backzeit auf der Verpackung muss stimmen, sonst werden die Pommes Frites entweder zu weich oder zu trocken.

So haben wir bewertet:

Bewertet wurden die einzelnen Testkriterien nach Schulnoten von »sehr gut« bis »mangelhaft«.

Unser Endergebnis:

Produkte	Note Einzelkriterien					Endnote
	Verarbeitungsqualität	*Wassergehalt*	*Fettgehalt*	*freie Fettsäuren*	*Zubereitungsangaben*	
Marena	1	3	3	2	4	befriedigend (2,6)
Steakhouse	1	4	2	2	2	gut (2,2)
Fri D'Or	3	1	4	1	5	befriedigend (2,8)
Potato Family	2	3	3	1	4	befriedigend (2,6)
Tip	2	1	4	1	1	gut (1,8)
Naturkost	3	1	2	2	3	gut (2,2)
1-2-3 McCain	1	1	3	1	1	sehr gut (1,4)
Agrarfrost	1	3	1	2	3	gut (2)
Salto	1	2	3	2	4	gut (2,4)
Füllhorn	3	2	2	2	2	gut (2,2)
Bördegold	3	2	4	1	4	befriedigend (2,8)

Fazit:

Als einzige Backofenpommes mit der Note »**sehr gut**« haben nur Pommes Frites »**1-2-3 McCain**« abgeschnitten – deshalb sind sie unser »service:tr€nds«-**Testsieger**.

Der Kartoffel-Tipp von Prof. Hademar Bankhofer

Machen Sie zwei Monate lang jede Woche einen Kartoffel-Tag. Die Anfälligkeit für Allergien, Kopfschmerzen und Hexenschuss können Sie so entscheidend reduzieren. Der Grund: Ein kurzfristiger Säureüberschuss kann so im Körper ausgeglichen werden. Natürlich sollten Sie bei dieser Kur keine Pommes oder Bratkartoffeln, sondern nur Pell- oder gekochte Kartoffeln essen.

Wie werden Kartoffeln am besten verarbeitet und zubereitet?

Sternekoch Michael Beck hat für Sie die besten Tricks und Kniffe aufgeführt, wie aus einer einfachen Kartoffel ein echter Gaumenschmaus wird.

Waschen & Schälen

Wer Pellkartoffeln macht, sollte die Knolle mit einer weichen Küchenbürste gut unter lauwarmem Wasser abbürsten. So werden die Kartoffeln am besten sauber. Für Püree und Co. empfiehlt es sich, die Kartoffeln vor dem Kochen oder Weiterverarbeiten gut zu schälen. Wenn die Kartoffeln vor dem Kochen geschält werden sollen, empfiehlt sich der Sparschäler, denn mit ihm kann man die Schale viel dünner abschneiden als mit einem Messer. Unter der Schale sitzen die meisten Vitamine und Mineralstoffe. Um die wertvollen Nährstoffe zu erhalten, sollte man geschälte Kartoffeln nicht im Wasser stehen lassen, sondern immer erst kurz vor der Zubereitung schälen. Am besten ist es allerdings, Kartoffeln mit der Schale zu garen.

Tipp: Während des Schälens die bereits fertigen Kartoffeln in einem Topf mit Wasser bedeckt halten, sonst werden sie braun, und dies kann später zu einem pelzigen oder mehligen Geschmack führen.

Kochen

Am besten ist es, die Kartoffeln immer mit der Schale kochen, so bleiben die wasserlöslichen Vitamine wie das Vitamin C enthalten. Das Kochen im Schnellkochtopf ist das schonendste Verfahren für Geschmack und Vitamine. Wer keinen Schnellkochtopf hat, sollte die Kartoffeln mit Wasser knapp bedecken und immer mit geschlossenem Deckel auf den Herd stellen. Das ist nicht nur energiesparender, sondern auch besser für den Geschmack, denn wenn der Dampf nicht entweichen kann, bleiben die Vitamine und Geschmacksstoffe in der Kartoffel enthalten. Kleine Kartoffeln brauchen bei mittlerer Stufe ca. 15, große dagegen 30 Minuten.

Wichtig: Das Wasser sollte immer kochen, damit die Kartoffeln so schnell wie möglich gar werden, denn je länger sie gekocht werden, desto mehr Geschmack geht verloren.

Tipp: Das Kochwasser sollte gut salzig schmecken. Einen Esslöffel Jod- oder Meersalz (für zwei Liter Wasser und 1,5 Kilo Kartoffeln als Salz- oder Pellkartoffeln) kann man in der Regel schon hineingeben. Ungereinigtes Meersalz schmeckt intensiver und kräftiger als raffiniertes Salz. Das Salz ist wichtig, damit die Kartoffeln nach dem Kochen nicht »wässrig« schmecken. Raffinierte Geschmacksnoten erhält man auch, wenn man das Kochwasser besonders würzt. Je nach Geschmack ein Gewürz wie Kümmel, Lorbeeren, Nelke, Zimtstange,

Sternanis (gibt es in Asiamärkten und Reformhäusern), Rosmarin oder Thymian 5 Minuten vor Ende der Garzeit in das Wasser geben und mitkochen. Das gilt auch für Knoblauchzehen, hier sollte man jedoch Vorsicht walten lassen und höchstens eine mit der Gabel zerdrückte Zehe zugeben.

Garen und Backen

Zum Garen im Ofen am besten 20–30 g schwere Kartoffeln auf ein Blech legen. Das Blech vorher mit einem hocherhitzbaren, geschmacksneutralen Öl (am besten Rapsöl) einreiben. Dann jeweils zwei Hände voll Rosmarin und Meersalz über die Kartoffeln verteilen. Keine Angst vor der großen Menge, denn im Backofen nehmen die Kartoffeln den Geschmack weniger intensiv an als im Kochtopf. Deshalb ist hier eine größere Salz- und Gewürzmenge nötig.

Tipp: Die Kartoffeln vorher ein- bis zweimal mit der Gabel anpieksen, damit sie besser den Geschmack vom Rosmarin und Meersalz aufnehmen können. Nach 20 Minuten bei Ober- und Unterhitze im E-Herd, im Gasherd auf Stufe 3, sind sie fertig. Dicke Kartoffeln brauchen bei gleicher Temperatur nicht nur länger (insgesamt etwa eine Stunde), sie nehmen auch wegen ihrer Größe schlechter den Gewürzgeschmack an. Fünf Minuten vor Ende die Kartoffeln mit etwas Zucker bestreuen, das verleiht ihnen eine herrliche Süße. Diese Kartoffeln passen unter anderem hervorragend zu Grünkohl und Kassler.

Braten

Die besten Bratkartoffeln bekommen Sie, wenn die Kartoffeln 2/3 der Zeit vorgegart, also nicht ganz weich gekocht werden. Dann ist die Stärke besser aufgeschlossen und die Kartoffeln werden knuspriger. Nach dem Kochen die Kartoffeln mit einem Pellbesteck schälen und in 3 bis 4 mm dicke Scheiben schneiden. Eine Teflonpfanne mit Rapsöl leicht benetzen. Die Kartoffelscheiben 2 bis 3 Minuten auf jeder Seite anbraten. Am Ende salzen und pfeffern und etwas klein geschnittene Petersilie (oder auch Majoran) vorsichtig darunterheben.

Wer Bratkartoffeln mit Speck und Zwiebeln liebt, sollte den Speck in kleine Würfel schneiden

Wir wissen, wie aus der einfachen Knolle ein Gaumenschmaus wird!

Sternekoch Michael Beck und Petra Theisen beim Vorbereiten der exklusiven Rezepte des Sternekochs.

und in der Pfanne ausbraten, dann die Kartoffeln zugeben und die Kartoffelscheiben wieder jeweils pro Seite 2 bis 3 Minuten goldbraun braten. Die Zwiebeln erst zwei Minuten vor Ende der Bratzeit zugeben und glasig braten lassen, damit sie nicht verbrennen. Den letzten Pfiff erhalten die Bratkartoffeln, wenn Sie eine Minute vor Ende der Bratzeit eine Butterflocke darunterrühren.

Tipp: Die Bratkartoffeln in einer beschichteten Pfanne ohne Fett kurz anbraten, da so das Wasser in den Kartoffeln erst einmal verdampft. Umso intensiver ist später der Geschmack. Außerdem reduzieren Sie die Kalorien, da die Kartoffeln beim weiteren Braten weniger Fett aufsaugen.

Grillen
Die Kartoffeln mit Schale roh in Alufolie wickeln und direkt in die Glut legen. Je nach Größe sind sie etwa nach 30–45 Minuten fertig.

Tipp: Große Kartoffeln in ein Zentimeter dicke Scheiben schneiden und mit Rapsöl oder raffiniertem Olivenöl einpinseln. Dann mit einer Aluschale auf den Rost stellen. Beide Seiten etwa 6 Minuten lang grillen. Am Ende etwas Salz und Pfeffer sowie Ziegenfrischkäse drübergeben, das verleiht den Kartoffeln eine besondere Würze. **Wichtig:** Kartoffeln niemals ohne Unterlage, also ungeschützt, auf den Grill geben. Sonst bilden sich krebserregende Stoffe.

Welcher Kartoffelschäler ist am besten?

Uns hat interessiert, mit welchem Kartoffelschäler man am schnellsten und die dünnsten Schalen schälen kann. Unser Tester: Mario Höllein, Küchenchef im Mövenpick in Oberursel. Für den Test haben wir fünf gleich schwere Kartoffeln abgewogen.

Der »service:tr€nds«-Kartoffelschäler-Test

Unsere Testkandidaten:

Produkte (Hersteller)	Preis
Sparschäler (Uhlich)	2,40 €
Gemüseschäler (Monopol)	2,45 €
Sparschäler (Monopol)	3,45 €
Kneipchen (Altenbach)	3,69 €
Kartoffelschälmaschine (Lurch)	20,99 €

Unser Testergebnis:

Testkandidat 1 – der Gemüseschäler von Monopol: Der Schäler lag gut in der Hand, deshalb brauchte Küchenprofi Mario Höllein auch nur rund 23 Sekunden.

Testkandidat 2 – der Sparschäler von Uhlich: Dieses Messer fand unser Tester schwerfällig in der Bedienung, weil er viel Kraft beim Schälen aufwenden musste. Das zeigte sich auch ganz deutlich an der Zeit: 38 Sekunden.

Testkandidat 3 – der Sparschäler von Monopol: Bei den glatten Flächen fand Mario Höllein den Schäler prima, nur bei Unebenheiten in der Kartoffel war das Schälen nicht optimal, dennoch lag er auch hier mit 27 Sekunden gut in der Zeit.

Testkandidat 5: Schnell – aber nicht unser Testsieger

Testkandidat 4 – das Kneipchen von Altenbach: Auch hier brauchte unser Küchenchef nur 28 Sekunden, dafür schälte er aber die dicksten Schalen ab.

Testkandidat 5 – die Kartoffelschälmaschine von Lurch: Sieht kinderleicht aus, die Kartoffel wird hier einfach nur eingespannt, dann mit Hilfe einer Kurbel losgelegt. Die Zeit war unübertroffen: nur knapp über 13 Sekunden. Aber mit dieser Maschine lässt sich die Kartoffel nicht vollständig schälen. An den Stellen, wo die Kartoffel eingespannt wird, bleibt die Schale, deshalb muss man mit einem Messer nachschälen.

Fazit:

Am schnellsten war zwar die Kartoffelschälmaschine, da aber die Kartoffel nicht perfekt geschält wird, ist der **»Gemüseschäler«** von **Monopol** mit etwas über 23 Sekunden unser **»service:tr€nds«-Testsieger**.

Exklusiv-Rezepte von Sternekoch Michael Beck

Kartoffelklöße

Zutaten:

500 g mehligkochende Kartoffeln

65 g Weizengrieß

1 Eigelb

Salz und Muskatnuss (Tipp: Feiner im Geschmack ist die Hülle der Muskatnuss: die Macisblüte) nach Geschmack

etwas Kartoffelstärke (in jedem Supermarkt für ca. 0,62 € für 250 g zu kaufen)

Zubereitung:

Die Kartoffeln (500 g) als Pellkartoffeln kochen, dann abziehen und über Nacht in einem geschlossenen Gefäß im Kühlschrank abkühlen lassen. Am nächsten Tag durch eine Presse drücken. Sternekoch Michael Beck empfiehlt dazu eine Spätzlepresse (Preis: ca. 15 €), da sie stabiler als eine herkömmliche Kartoffelpresse ist. Mit dem Grieß (65 g) und dem Eigelb (1 Eigelb) die durchgedrückten Kartoffeln zu einer festen Masse verkneten und mit Salz und Muskat abschmecken. Je nach Bedarf so viel Kartoffelstärke hinzugeben, bis die Klöße nicht mehr an den Händen kleben. Mit den Händen aus der Masse ca. 5 cm große Klöße formen. Die Klöße in kochendes Salzwasser geben, die Hitze reduzieren und bei mittlerer Hitze offen 10–15 Minuten im siedenden Wasser garen. Die Klöße sind fertig, wenn sie oben schwimmen.

Tipp: Wer möchte, kann klein geschnittene Zwiebeln vorher kurz in Butter anbraten und mit in die Kloßmasse rühren. Oder einfach Croutons in die Mitte der Masse mit einarbeiten. Für die Croutons: Toastscheiben in kleine Würfel schneiden und in einer Pfanne mit Butter anbraten. Wer es kalorienärmer mag, kann die Croutons auch bei 180 °C im Ofen anbraten. Für »Exoten« hat Sternekoch Michael Beck folgenden Rat: Einfach eine Handvoll Wallnüsse klein hacken und kurz in einer beschichteten Pfanne anrösten. Anschließend in die Kloßmasse mit einkneten. Oder Sie nehmen Petersilie, Schnittlauch oder Rosmarin. Für Süßmäuler empfiehlt der Chefkoch klein gehacktes Trockenobst, wie z. B. Pflaumen oder Aprikosen.

Kartoffelrösti

Zutaten:

750 g festkochende Kartoffeln

1 mittelgroße Schalotte und 1 Bund Schnittlauch

je nach Geschmack Salz, Pfeffer und Muskat

Zubereitung:

Die Kartoffeln (750 g) grob reiben, dann die Kartoffelmasse mit der Hand ausdrücken, um überschüssiges Wasser zu entfernen, sonst spritzt es später beim Backen zu sehr. Dann das Ganze in eine Schüssel geben und mit Salz, Pfeffer und Muskat abschmecken. Eine mittelgroße Schalotte und ein Bund Schnittlauch fein schneiden und unter die Kartoffelmasse geben. Jetzt die Masse in heißem Sonnenblumenöl goldbraun ausbacken.

Tipp: Damit die Rösti besser zusammenhalten, einfach das ausgedrückte Wasser von der Kartoffelmasse in einer Schüssel auffangen, 5 Minuten stehen lassen und vorsichtig das Wasser auskippen, am Boden bleibt nämlich Kartoffelstärke haften. Diese einfach in die fertige Masse geben. Sie können aber auch etwas Mehl verwenden. Wichtig: Rösti oder Kartoffelpuffer nach dem Ausbraten auf Küchenkrepp legen, um ihnen überschüssiges Fett zu entziehen. Eine wahre Gaumenfreude für alle Röstifans: Ziegenkäse auf fertigen Rösti mit einer kleinen Cocktailtomate einfach kurz im Ofen überbacken.

Kartoffelgratin

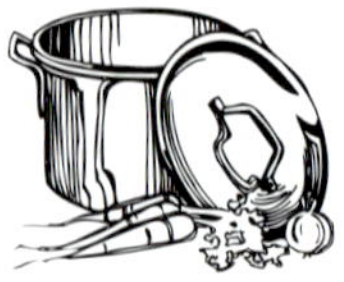

Zutaten:

1 kg vorwiegend festkochende Kartoffeln

½ Zehe Knoblauch

20 g Butter

Salz und Pfeffer, 1 Prise Muskat

100 g geriebener Emmentaler

500 ml Milch

250 ml Sahne

1 Bund Schnittlauch

1 Zehe Knoblauch nach Geschmack

Zubereitung:

Die Kartoffeln (1 kg) schälen und in gleichmäßige, dünne Scheiben von ca. 2 bis 3 mm schneiden oder hobeln und salzen. Je nach Geschmack den Schnittlauch (1 Bund) klein geschnitten druntermischen. Eine ofenfeste Form mit Butter (10 g) einfetten. Die Kartoffelscheiben in die Form schichten. Danach Milch (500 ml) und Sahne (250 ml) in eine Schüssel geben und mit Pfeffer, Salz und Muskat abschmecken und je nach Geschmack eine halbe Knoblauchzehe dazugeben. Das Gemisch in die ofenfeste Form zu den Kartoffeln gießen, so dass diese knapp bedeckt sind. Danach das Ganze mit geriebenen Emmentaler (100 g) bestreuen. Zum Schluss Butter (10 g) in Flöckchen auf das Gratin geben und bei 180 °C 50–60 Minuten backen.

Kartoffelsuppe

Zutaten:

500 g mehligkochende Kartoffeln

1 l Brühe (je nach Geschmack Gemüse- oder Fleischbrühe)

100 g Crème Fraîche

200 g geschlagene Sahne

Salz, Pfeffer und Muskatnuss nach Geschmack

kleingehackter Majoran oder Oregano

Zubereitung:

Die Kartoffeln (500 g) als Pellkartoffeln kochen und schälen. Dann die Kartoffeln durch eine Spätzlepresse drücken und mit der Gemüse- oder Fleischbrühe (1 l) bei mittlerer Hitze aufkochen. Danach mit etwas Salz, Pfeffer und Muskat abschmecken und Crème Fraîche (100 g) und geschlagene Sahne (200 g) unterheben. Die Suppe vor dem Servieren mit klein gehacktem Majoran oder Oregano verfeinern.

HEISS AUF GRILLFLEISCH –

Steaks und Schnitzel im Visier

Welches Fleisch ist ideal zum Grillen?

Schweinefleisch

Für Grill-Einsteiger eignet sich am besten Schweinefleisch, denn hier kann man nicht viel falsch machen. Gegrilltes Schweinefleisch wird nämlich fast immer schön zart. Schweinefleisch ist sehr bindegewebsarm und man kann praktisch alle Teile des Schweins grillen, ohne dass sie zäh werden. Am einfachsten und leckersten sind Kotelett, Steak und Bauch. Schweinefleisch sollte man nie blutig oder »medium« (rosafarben) essen, sonst werden nicht alle Trichinen abgetötet, die darin enthalten sein können. Trichinen sind Parasiten, die sich im Körper des Menschen festsetzen und im schlimmsten Falle sogar zum Tod führen können. Man sollte allerdings keine gepöckelten Stücke verwenden, da aus dem enthaltenen Nitritpökelsalz beim Grillen krebserregende Nitrosamine gebildet werden können.

Finger weg von eingelegten Stücken! Denn die aromatische Sauce kann gar nicht so tief ins Fleisch dringen, damit sie Geschmack abgeben kann. Außerdem verbrennen die Kräuter- und Gewürzstückchen zu schnell auf dem Grillrost und erzeugen so krebserregende Stoffe. Zudem wird laut Michael Beck so oft minderwertiges Fleisch nur aufgepeppt. Steaks und Filets deshalb immer erst nach dem Grillen mit Saucen würzen.

Michael Beck warnt: Eingelegtes Fleisch ist oft von minderwertiger Qualität.

Rindfleisch

Damit Rindfleisch auf dem Grill schön zart wird, sollten Sie nur bindegewebsarme Stücke verwenden. Das sind Teile aus der Hüfte, dem Rücken und Filet. Denn Fleisch mit zu viel Bindegewebe wird zäh. Außerdem sollten Rindersteaks oder Koteletts eine leichte, hellweiße Fettmarmorierung haben. Auch das sorgt dafür, dass die Stücke schön zart werden.

Geflügel

Hähnchen- und Putenfleisch schmecken am besten, wenn Sie die einzelnen Teile mit Haut grillen. Denn das Fett in der Haut macht das Fleisch schön zart, es trocknet dann nicht so schnell aus. Im Supermarkt oder in der Metzgerei werden Bruststücke jedoch meistens ohne Haut angeboten. Kaufen Sie deshalb das Geflügel am Stück und zerlegen Sie die Teile selbst. Oder verwenden Sie Schenkel, die mit Haut angeboten werden. Damit das Fleisch nicht verbrennt und schön zart bleibt, sollten Sie Geflügelbrust und Schnitzel zunächst auf der heißesten Stelle des Grills (in der Mitte) von beiden Seiten je 2 Minuten scharf anbraten. So schließen sich nämlich die Poren, es kann kein Saft mehr nach außen treten, und das Fleisch bleibt schön zart. Dann die Stücke einfach an den weniger heißen äußeren Rand des

Grills schieben und 2–3 Minuten weiterbraten. Puten- und Hähnchenkeulen sowie -flügel benötigen auf dem Grill länger als das weiche Brustfleisch. Deshalb die Keulen und Flügel für die ersten 10–12 Minuten in Alufolie wickeln, damit sie nicht verbrennen. Dann am Rand des Grills ohne Folie weiterbraten. Geflügel kann man auch am Stück auf dem Grill zubereiten. Das dauert jedoch – je nach Größe des Tieres – mindestens 30 bis 40 Minuten. In vielen Haushaltswarengeschäften werden für den Grill praktische batteriebetriebene Drehspieße angeboten. So müssen Sie sich nicht weiter um das Fleisch kümmern.

Wichtig! Geflügelfleisch wegen der Salmonellengefahr niemals blutig oder »medium« (rosafarben) essen. Nur wenn das Fleisch durchgebraten ist, sind auch wirklich alle Erreger abgetötet. Salmonellen können zu schlimmen Magen-Darmverstimmungen führen, bei empfindlichen Menschen sogar zum Tod. Am besten schmeckt Hähnchenbrust mit Haut vom Grill. Sie lässt sich einfach und schnell zubereiten und das Fleisch wird schön zart.

Welches Grillfleisch ist am gesündesten?

Ein wichtiges Merkmal für ein gesundes Fleischstück ist ein geringer Fettgehalt. Sowohl vom Rind als auch vom Schwein sind magere und fettreiche Teilstücke erhältlich. Fettarme Teilstücke beim Schwein sind beispielsweise Filet und Steak (unter 5 % Fett), fettreichere Stücke sind Dicke Rippe (16 % Fett) oder Bauch (30 %). Rindfleisch ist generell etwas fettärmer. Filet und Rumpsteak (Roastbeef) sind mit einem Fettgehalt unter 5 % besonders fettarm, aber auch die Hochrippe mit 9 % bis 16 %. Geflügelfleisch ist – bis auf Ente und Gans – sehr fettarm: die Brust enthält nur etwa 6 % Fett, die Keule etwa 15 % (wenn man die Haut nicht mit isst, sind es sogar nur 1 % beziehungsweise 6 %).

Fleisch hat aber auch in puncto Mineralstoffe jede Menge zu bieten. Kalium beispielsweise hält die Muskeln und die Nerven in Schwung. Hier liegt ein mageres Stück Schweinefleisch ganz vorn, ebenso beim Magnesium. Viel Magnesium ist aber auch in der Putenkeule und im Filet vom Rind enthalten. Magnesium ist gut für die Herz- und Muskelfunktion und hilft gegen Muskelkrämpfe. Am wichtigsten ist jedoch der Eisengehalt im Fleisch. Eisen ist verantwortlich für den Sauerstofftransport im Blut und deshalb gut für Konzentrations- und Leistungsfähigkeit. Hier haben das Rind- (Keule und Lende) und Schweinefleisch (Kotelett) mehr zu bieten als Geflügel. Zink hingegen ist wichtig für die Stärkung des Immunsystems und gut gegen Hautreizungen wie Sonnenbrand. Am meisten Zink hat wieder das Rindfleisch. Mit einem durchwachsenen 200 g Rindersteak haben Sie Ihren Tagesbedarf an Zink bereits gedeckt. Der im Rindfleisch enthaltene Eiweißbaustein Histidin verbessert zudem die Aufnahme von Zink.

Bei den Vitaminen ist Rindfleisch ein guter Lieferant für das Vitamin B_{12},das nur in tierischen Lebensmitteln enthalten ist. Schweinefleisch liefert nennenswerte Mengen an Vitamin B_1. Generell gilt: egal ob Pute, Rind oder Schwein, die aufgeführten Fleischsorten haben alle in etwa gleich viel Cholesterin. In der Regel liegt der Cholesterinanteil pro 100 g Fleisch bei rund 60–70 mg. Man sollte nicht mehr als 300 mg Cholesterin pro Tag zu sich nehmen, da sich auf Dauer sonst das Risiko für Herz-/Kreislauferkrankungen erhöhen kann.

Fleisch ist also ein gesundes und wichtiges Nahrungsmittel, das allerdings nach dem Motto: »Von allem etwas, aber nicht zu viel!« in Maßen genossen werden sollte.

Wie grillen Sie möglichst gesund?

Beim Grillen von Fleisch und Fisch gerinnt aufgrund der hohen Temperaturen schnell das Eiweiß und es bildet sich eine Kruste. Dadurch wird verhindert, dass Fleischsaft und damit Nährstoffe und Geschmacksstoffe austreten. Doch beim Grillen können auch krebserregende Stoffe entstehen. Diese nennt man PAK (polyzyklische aromatische Kohlenwasserstoffe). Sie entstehen vor allem, wenn Fett oder Marinade in die Glut tropft. Beim Verbrennen entsteht dann ein bläulicher Rauch, der sich auf das Grillgut legt und mitgegessen wird. Außerdem entsteht PAK, wenn Fleisch von außen verbrennt. Darum: verbrannte Krusten immer abschneiden.

Verwenden Sie bei Holzkohlegrills nur Kohle oder Briketts, nie Holz. Achten Sie darauf, dass Kohle und Briketts richtig durchgeglüht sind, bevor Sie das Grillgut auf das Rost legen. Sonst verbrennt das Fleisch im offenen Feuer, und es entsteht so gesundheitsschädlicher Rauch, der sich auf dem Fleisch festsetzt.

Benutzen Sie zum Grillen nur mageres oder leicht fettdurchzogenes Fleisch. Fleisch mit einem dicken Fettrand, wie z. B. Schweinebauch, nur so auf den Grill legen, dass das abtropfende Fett nicht in die Glut gelangt. Benutzen Sie deshalb besser einen Grill mit einer entsprechenden Fettauffangschale. Denn: Je mehr Fett beim Grillen in die Glut tropft, desto mehr PAK entstehen.

Tipp: Bei Fleisch mit starkem Fettrand entfernen Sie bis auf 0,5 Zentimeter das überflüssige Fett. Nicht mehr, sonst wird das Fleisch trocken.

Begießen Sie Lebensmittel während des Grillens nicht mit Öl oder Bier. Auch hier würde die Flüssigkeit nur auf die glühenden Kohlen tropfen und dadurch gesundheitsschädlichen Rauch entwickeln. Wer

Gesundheitstipp von Sven-David Müller

Auf den Grill gehört kein gepökeltes Fleisch! Der Grund: gepökelt wird mit Nitritpökelsalz und beim Grillen können sich Nitrosamine bilden, die zu Krebs führen können. Deshalb Finger weg beim Grillen z. B. vom Kassler.

Was zeichnet gutes Fleisch aus? Eine Frage für Köche und Gesundheitsexperten.

auf eine Marinade nicht verzichten mag, der sollte sie vor dem Grillen gut mit einem Küchentuch wieder abtupfen. Denn Kräuter und Gewürze verbrennen leicht und die Marinade kann in die Glut tropfen.

Benutzen Sie für Gemüse und anderes sehr saftiges Grillgut Alufolie oder Grillschalen aus Alufolie. Dadurch ist es vor Rauch geschützt und der austretende Saft kann nicht in die Glut tropfen.

Woran erkennt man eine gute Fleischqualität?

Fragen Sie zunächst bei Ihrem Metzger nach, ob das Fleisch auch gut abgehangen wurde. Rind muss 15 bis 21 Tage abgehangen sein, Schwein 4 bis 5 Tage, und bei Geflügel reicht in der Regel ein Tag. Ist das Fleisch nicht richtig abgehangen, wird es nicht schön zart und saftig. Durch das Abhängen werden nämlich die Muskeln im Fleisch gelockert.

Die **Farbe** sollte beim **Schweinefleisch** gleichmäßig rosa bis dunkelrosa sein. Ist es das nicht, ist das Tier zu schnell gemästet worden, das Fleisch schmeckt fad und ist stark wässrig. **Geflügel** sollte fleischfarben und nicht käsig weiß sein. Sonst stammt das Tier aus einer Intensivhaltung und hat nie Auslauf gehabt. Das Fleisch schmeckt dann fad und hat eine zu weiche Konsistenz. **Rindfleisch** sollte immer dunkelrot sein. Aber Sie können am Fett erkennen, ob das Tier schon älter war. Junge Tiere haben weißes Fett, alte Tiere gelbes. Zum Kurzbraten auf dem Grill eignet sich nur Rindfleisch mit hellem Fett von einem jungen Rind. Ist das Fleisch dagegen von einem älteren Tier wird es zäh.

Egal ob Geflügel, Rind oder Schwein, das Fleisch muss die »Fingerdruckprobe« bestehen. Wenn sich das Fleisch »wabbelig« anfühlt oder gar durchdrücken lässt, stammt es von einem Tier, das zu schnell gemästet wurde, und hat kaum Aroma.

Fleisch muss neutral riechen. Hat es einen leicht süßen oder säuerlich stechenden Geruch, ist es bereits verdorben. Sie sollten es dann auf keinen Fall mehr essen. Denn das kann schlimme Magen- und Darmverstimmungen verursachen. Außerdem sollte Fleisch niemals schmierig oder zu feucht sein und immer einen schönen frischen Glanz haben. Es darf nicht grau schimmern, stumpf aussehen oder sogar schon braune Ränder haben. Ansonsten ist es zu alt und daher mit vielen Krankheitserregern belastet.

Der »service:tr€nds«-Steak-Check

Uns hat interessiert: Wo gibt's die besten eingelegten Schweinsteaks? Im Supermarkt oder beim Metzger? Stichprobenartig kaufen wir in fünf Metzgereien und in fünf Supermärkten ein. Auf unserer Einkaufsliste stehen jeweils zwei abgepackte Steaks aus der Kühltheke und zwei frische. Die Preisunterschiede sind erheblich. Am teuersten sind die Metzgereien. Hier kosten eingelegte Schweinesteaks pro Kilo im Schnitt 9,50 €, in den Supermärkten durchschnittlich nur 5,10 €. Doch ist die teure Ware auch tatsächlich besser? Für den Check bringen wir die eingekauften Steaks anonym verpackt zu Küchendirektor Klaus Bramkamp vom Hotel Intercontintal in Frankfurt.

Unsere Testkriterien:

Check 1 – Fleischqualität: Als erstes wird die Marinade von den Steaks abgewaschen. Nur so kann die Qualität des Fleisches optimal beurteilt werden. Ein gutes Schweinesteak sollte eine Dicke von mindestens 2 cm haben, an den Rändern nicht angetrocknet sein und dort auch keine Sehnen haben. Außerdem muss es eine feste Konsistenz haben und darf nicht zu sehnig oder fettig sein. Gibt es auf Fingerdruck leicht nach, ist es zu alt. Ist es zu sehr mit Fett und Sehnen durchzogen, ist das Schwein zu schnell gemästet worden und bekam außerdem schlechtes Futter. **Das Ergebnis**: Am schlechtesten sind die eingelegten Steaks aus dem Supermarkt. Die meisten hatten z. B. Sehnen am Rand, das Fleisch war zu weich und auch zu dünn geschnitten. Die Dicke lag hier deutlich unter 2 cm. Viel besser dagegen das Fleisch von den Metzgern. Nur ein Steak war am Rand angetrocknet, also bereits zu alt.

Check 2 – Grilltest: Als nächstes kommen die Schweinesteaks auf den Grill. Schrumpft das Steak nach der optimalen Garzeit auf über die Hälfte ein, ist die Fleischqualität minderwertig. Dann ist zu viel Wasser im Gewebe, was ein Zeichen dafür ist, dass die Tiere zu viel Stress hatten. **Das Ergebnis** nach dem Grillen: Am meisten schrumpften die Steaks aus den Supermärkten. Bei über der Hälfte der Testprodukte hatten man am Ende nur noch bis zu 50 % Fleisch auf dem Teller. Bei den Steaks aus den Metzgereien schrumpfte lediglich ein Steak.

Fazit:

Finger also weg von günstigen eingelegten Schweinesteaks aus dem Supermarkt, denn die Fleischqualität war in den meisten Fällen minderwertig. Außerdem schrumpften die Steaks auf dem Grill kräftig zusammen. Der Verbraucher hat also im Endeffekt weniger Fleisch. Wesentlich besser: die Schweinesteaks aus den Metzgereien. Allerdings kostet diese Qualität im Schnitt pro Kilo auch über 4 € mehr.

Wie gut ist fertig eingelegtes Fleisch?

Fertig eingelegtes Fleisch ist oft von minderer Qualität, was man durch die Marinade nur schlecht erkennen kann. Häufig werden ältere oder minderwertige Fleischstücke durch Marinaden mit Weichmachern »aufgepeppt«. Da eingelegtes Feisch zum Teil nicht mehr frisch ist, kann es laut Sven-David Müller durch Krankheitserreger zur Gesundheitsgefahr werden. Dazu kommt: die Marinaden sind meist mit Glutamat versehen und das kann Allergien und Kopfschmerzen auslösen.

Außerdem ist es nicht sehr sinnvoll, Fleisch in Marinaden einzulegen, denn diese kann nicht in das Fleischinnere eindringen. Also haben Marinaden nur einen minimalen Effekt. Vor dem Grillen müssen zudem die Marinaden wieder abgetupft werden, damit die Kräuter und Gewürze auf dem Grill nicht verbrennen und krebserregende Substanzen auslösen. Da es zerkleinert ist, ist eingelegtes Fleisch lebensmittelrechtlich wie Hackfleisch einzuschätzen. Das heißt, es muss noch am Tag der Herstellung verkauft werden.

Wie lange ist frisches Fleisch haltbar und wie bewahrt man es am besten auf?

Frisch eingekauftes Fleisch sollte – vor allem im Sommer – immer sofort in den Kühlschrank gelegt werden. Am besten nehmen Sie zum Einkauf eine Kühltasche mit. Das Fleisch zu Hause dann in eine neue Plastiktüte packen und mit einem Vakuumzieher die Luft herausnehmen. So bleibt es am längsten frisch, denn aggressiver Sauerstoff lässt das Fleisch schneller verderben. Der Preis für ein Vakuumgerät liegt zwischen 15 und 20 €. Oder Sie lassen es bereits vom Metzger einschweißen. Viele Geschäfte bieten diesen Service an. Gut zum Aufbewahren sind auch Plastikdosen mit verschließbarem Deckel. Diese sollten aber mit heißen Wasser regelmäßig ausgekocht werden, am besten in der Spülmaschine. Denn in den Dosen sammeln sich sonst Keime, die schlimme Magen-Darm-verstimmungen verursachen kön-

Der Grill-Tipp von Prof. Hademar Bankhofer

Es ist ungesund, in großen Mengen gegrillte Wurst, Bratwürste, Räucherspeck und Gepökeltes zu essen. Der Grund: All diese Fleisch- und Wurstsorten werden nämlich mit Nitratsalzen hergestellt. Das Problem: die Nitrate werden bei der Verdauung in Krebs erregende Nitrosamine umgewandelt. Man kann diese Umwandlung jedoch verhindern, wenn man zu Gegrilltem Paprikaschoten, Tomaten und Melonen isst. Dieses Gemüse enthält nämlich Bioaktivstoffe, die uns schützen.

Würstchen kurz durch ein Milchbad ziehen – so werden sie gleichmäßig braun.

nen. Auch in Plastiktüten sammeln sich Keime, deshalb diese immer nur einmal verwenden. Im Kühlschrank kann man Geflügel maximal zwei bis drei Tage, Schweinefleisch maximal drei Tage und Rindfleisch nicht länger als vier bis fünf Tage aufheben. Den besten Geschmack und Aroma hat das Fleisch, wenn Sie es noch am selben Tag genießen. **Wichtig!** Sollte das Fleisch unangenehm stechend riechen, klebrig oder schmierig sein, auf keinen Fall mehr verzehren.

Bratwürste: Würstchen am besten immer vorher kurz durch ein Milchbad ziehen. Dadurch werden sie schneller und vor allem gleichmäßiger braun.

Fleisch

Damit Sie erkennen, ob das Fleisch gar ist, gibt es die so genannte Fingerdruckprobe. Dazu einfach Ihre Finger bis auf den Daumen ausstrecken.

Fühlt sich das Fleisch an, wie das untere Ende des Daumens (Daumenansatz) ist das Fleisch noch blutig. Fühlt es sich dagegen an wie die Hügel unter den Fingern ist es »medium« (rosafarben), und wie in der Mitte auf der Handinnenfläche, dann ist das Fleisch durchgebraten.

Wem das zu heiß ist, der kann mit einem Fleischthermometer nachmessen. Das Thermometer längs in das Fleischstück stecken. Bei welcher Kerntemperatur das Fleisch gar ist, zeigt die Tabelle unten. Fleischthermomter sind ab ca. 8 € erhältlich in Haushaltswarengeschäften und Kaufhäusern.

Damit **Fleisch und Geflügel saftig bleiben**, müssen sich die Poren möglichst schnell schließen. Das heißt: zuerst bei hohen Temperaturen (bei Gas- und Elektrogrills bei 160 °C) grillen. Sonst schmort das Fleisch oder Geflügel nur vor sich hin und bildet keine knusprige Kruste. Ohne Kruste wiederum schwitzt das Fleisch und wird faserig und trocken. Das Fleisch jeweils ein bis anderthalb Minuten von bei-

den Seiten anbraten. Danach sollten Sie das Grillgut bei einem Holzkohlegrill von der heißesten Stelle nehmen und am Rand weiter grillen. Bei Gas- oder Elektrogrills können Sie die Temperatur problemlos auf 120 bis 110 °C senken. Wie lange es weitergegrillt werden muss, finden Sie in der unteren Tabelle. Schweinefleisch und Geflügel muss prinzipiell eine Kerntemperatur von mindestens 75 °C haben, sonst ist die Gefahr, an Salmonellen oder Trichinen zu erkranken, zu groß.

Damit Geflügel, Schweine- und Rindfleisch zur wahren Gaumenfreude wird, sollten Sie folgende Garzeiten beachten:

Sie Fleisch einer Sorte verwenden. Bei gemischten Spießen achten Sie darauf, dass die Würfel aus Geflügelfleisch etwa um die Hälfte größer sind als die vom Schwein. Denn Geflügelfleisch hat eine kürzere Garzeit. Rindfleisch dagegen braucht länger, bis es ausreichend gegart ist und sollte daher in kleinere Stücke geschnitten werden.

Tipp: Legen Sie die Holzspieße, bevor Sie Fleisch und Gemüse aufspießen, einige Minuten ins Wasser. Dadurch verbrennen sie über der Glut nicht so schnell. Sie können zudem anstelle der Holzspieße z. B. einen Rosmarinzweig oder Zitronengras verwenden. Das bringt zusätzlich Aroma.

Geflügel und Schwein		
Grillfleisch (optimale Dicke)	*Durchschnittliche Gardauer*	*Kerntemperatur*
Putenschnitzel (0,5 bis 1 cm)	5–6 Minuten	75 °C
Putensteak (2 bis 3 cm)	10 Minuten	75 °C
Hähnchenschnitzel (0,5 bis 1 cm)	4–5 Minuten	75 °C
Hähnchenbrust (2 bis 3 cm)	10 Minuten	75 °C
Schweinkotelett und -steak (mindestens 2 cm)	10–12 Minuten	75 °C
Schweineschnitzel (1 bis 2 cm)	8–10 Minuten	75 °C

Rindfleisch		
Bezeichnung der Garstufe	*Durchschnittliche Gardauer bei mehrfachem Wenden (Dicke des Steaks: 2,5–3 cm)*	*Kerntemperatur*
Im Kern blutig	5–6 Minuten	61 °C
Innen voll rosa	8–9 Minuten	68 °C
Durchgebraten	12–13 Minuten	ab 78 °C

Spieße

Damit Spieße richtig gelingen, sollten Sie zwei Dinge beachten: Verwenden Sie für Fleisch-Gemüsespieße nur solches Gemüse, das saftig ist und nicht zu schnell verbrennt. Die Fleischstücke sollten auch immer gleich groß sein, wenn

Kräuter

Würzen sollte man das Fleisch immer erst hinterher, weil die Kräuter auf dem Grill leicht verbrennen. Zu **Rindfleisch** passt am besten Thymian, Rosmarin und Salbei, zum **Schwein** Majoran, Thymian, Koriander und Zitronengras und zum

Geflügel Basilikum, Oregano, Minze und Thymian.

Kartoffeln

Damit Kartoffeln schneller gar werden, sollten Sie den Nageltrick anwenden. Dazu einfach die Kartoffeln mit der glänzenden Seite der Alufolie nach innen gut einwickeln. Die glänzende Seite reflektiert nämlich besser die Hitze. Dann einen reinen Alu- oder Metallnagel von außen in die Kartoffel stecken. Das leitet die Wärme nach innen und eine große Kartoffel braucht dann statt 60 nur noch 45 Minuten.

Gemüse

Festfleischiges Gemüse wie z. B. Paprika, Auberginen, Tomaten, Zucchini, Zwiebeln, Fenchel, Maiskolben und Champignons passen am besten auf den Grill. Das Gemüse auf jeder Seite zwei bis drei Minuten bei voller Hitze (bei Gas- und Elektrogrills bei 160 °C) in einer Aluschale grillen. Danach mit etwas Olivenöl beträufeln und zum Schluss mit Salz und Pfeffer sowie mit etwas klein geschnittenem Basilikum, Salbei, Oregano oder Thymian würzen. Wer mag, kann natürlich auch noch eine zerdrückte Knoblauchzehe über dem Gemüse verteilen.

Der »service:tr€nds«-Tomatenketchup-Test

Wir wollten wissen: Ist günstiger Tomatenketchup genauso gut wie teurer? Getestet hat für uns das Institut für Ernährungswissenschaften in Jena.

Unsere Testkandidaten:

Produkte	erhältlich z. B. bei	Packungsgröße	Preis	Preis pro 450 ml
Chez Pierre Tomaten Ketchup	Penny	450 ml	0,49 €	0,49 €
Hausgold Tomatenketchup	Plus	450 ml	0,55 €	0,55 €
ja! Tomaten-Ketchup	HL, miniMAL	450 ml	0,59 €	0,59 €
Tip Tomaten Ketchup	real	450 ml	0,59 €	0,59 €
Naturkind Bio-Ketchup	Tengelmann	500 ml	1,59 €	1,43 €
Kraft Tomaten-Ketchup	real, Plus, HL, Penny, Tengelmann	750 ml	1,89 €	1,13 €
Livio Tomaten Ketchup	Tengelmann, Penny, HL, real,	750 ml	1,99 €	1,19 €
Mc Donald's Tomaten Ketchup	Tengelmann, real, HL	750 ml	1,99 €	1,19 €
Heinz Tomaten Ketchup	Plus, HL, Tengelmann, miniMAL	750 ml	1,99 €	1,19 €

Unsere Testkriterien:

Test 1 – Lycopingehalt. Dies ist der rote Farbstoff in den Tomaten. Er sollte bei einem guten Ketchup möglichst hoch sein. Denn ein hoher Lycopingehalt ist ein Indiz dafür, dass viele hochwertige, also reife Tomaten im Ketchup verarbeitet wurden. Lycopin beugt außerdem Herzkreislauf- und Krebserkrankungen vor.

Die gute Nachricht: Gutes Tomatenketchup muss nicht teuer sein!

Test 2 – Zuckergehalt. In einem guten Ketchup sollte möglichst wenig Zucker sein, denn zu viel Zucker macht dick und verursacht Karies.

Test 3 – Zusatzstoffe. Hier wurde kontrolliert, welchem Tomantenketchup Aroma zugesetzt wurde. Bessern die Hersteller mit Aroma nach, kann das ein Zeichen dafür sein, dass z. B. minderwertige, d. h. unreife Tomaten verwendet wurden. Oder es musste mit Aroma nachgebessert werden, da durch eine wenig schonende Herstellung das Aroma im Ketchup zerstört wurde.

So haben wir bewertet:

Vergeben wurden Noten von 1 bis 5.

Unser Endergebnis:

Produkte	Lycopingehalt	Zuckergehalt	Zusatzstoffe	Endnote
	Gewichtung 70 %	*Gewichtung 20 %*	*Gewichtung 10 %*	
Chez Pierre	1	3,5	3	1,7 gut
Hausgold	2	3,5	3	2,4 gut
Heinz	2	4	2	2,4 gut
ja!	1	2,5	3	1,5 gut
Kraft	1	3	2	1,5 gut
Livio	2	3	3	2,3 gut
Mc Donald's	2	4	2	2,4 gut
Naturkind	1	4	2	1,7 gut
Tip	1	1,5	2	1,2 sehr gut

Fazit:

Am besten abgeschnitten mit der Note **»sehr gut«** hat **»Tip Tomatenketchup«** von **real**. Er ist deshalb unser »service:tr€nds«-**Testsieger**.

Exklusiv-Rezepte von Sternekoch Michael Beck

Kräuterbutter

Zutaten:

8 EL fein geschnittene Kräuter (jeweils zwei EL von: Petersilie, Schnittlauch, Basilikum und Estragon)

1 EL Zitronensaft

1 Prise Cayennepfeffer

8 EL weiche Butter

je nach Geschmack Salz und Pfeffer, wer es mag dazu: eine Zehe Knoblauch

Zubereitung:

Die Butter ist kinderleicht gemacht. Einfach mit einer Gabel die feingeschnittenen Kräuter (8 EL, jeweils 2 EL von Petersilie, Schnittlauch, Basilikum und Estragon) mit Zitronensaft (1 EL), einer Prise Cayennepfeffer und weicher Butter (8 EL) gut verrühren. Danach je nach Geschmack mit Salz und Pfeffer abschmecken. Wer gerne Knoblauchbutter mag, mischt einfach eine klein zerdrückte Knoblauchzehe drunter. Wer die Butter fest mag, stellt das Ganze kurz in den Kühlschrank. Die Kräuter- oder Knoblauchbutter passt sehr gut zu Rindfleisch und Kartoffeln.

Salsa Romanesco

Zutaten:

1 rote Paprikaschote

1 Tomate

1 rote Chilischote

4 EL gehobelte Mandelscheiben

1/2 Scheibe Toastbrot

1 Knoblauchzehe

1 EL Sherryessig

5 EL Olivenöl

Zubereitung:

Für die Salsa Romanesco zuerst die Paprikaschote (1 Paprikaschote) waschen, halbieren und entkernen. Danach auf dem Grill auf beiden Seiten je ca. 5 Minuten rösten. Danach vom Grill nehmen und, damit es beim Häuten nicht zu heiß wird, mit einem feuchten Küchentuch kurz bedecken. Wenn die Paprikastücke abgekühlt sind, häuten und in Streifen schneiden. Nun die Tomate (1 Tomate) kurz mit heißem Wasser überbrühen, damit auch diese sich gut häuten lässt. Entkernen und würfeln. Die Chilischote (1 Chilischote) waschen, halbieren und entkernen und in feine Streifen schneiden. Danach die Mandeln (4 EL gehobelte Mandelscheiben) in einer beschichteten Pfanne ohne Fett kurz leicht braun rösten. Das Toastbrot (1/2 Scheibe) würfeln und mit in die Pfanne geben bis es leicht gebräunt ist. In der Zwischenzeit die Knoblauchzehe (1 Knoblauchzehe) schälen und fein hacken. Nun kommt alles in eine Schüssel und wird mit dem Sherryessig (1 EL) und dem Olivenöl (erst einmal nur 1 EL) und je nach Geschmack mit etwas Salz mit dem Zauberstab zu einer gleichmäßigen Sauce püriert. Das restliche Olivenöl (4 EL) nach und nach unterrühren. Die Sauce passt am besten zu Rindfleisch.

FERTIG SUPPEN –

Gesund oder teure Dickmacher?

Warum ist Suppe so gesund?

Eine Suppe ist vor allem deswegen so gesund, weil sie zum größten Teil aus Flüssigkeit besteht. Durch Flüssigkeitszufuhr werden nämlich im Körper der Zellstoffwechsel und die Nierenfunktion angeregt. Die Folge: Die Zellen im Körper werden durchspült und Gifte somit ausgeschwemmt. Außerdem liefern vor allem Suppen mit einem hohen Gemüseanteil dem Körper nicht nur jede Menge langkettige Kohlenhydrate und Ballaststoffe, die lange satt machen, sondern auch viele Vitamine (z. B. Vitamin C, A und E) und Mineralstoffe (z. B. Kalium, Kalzium, Magnesium).

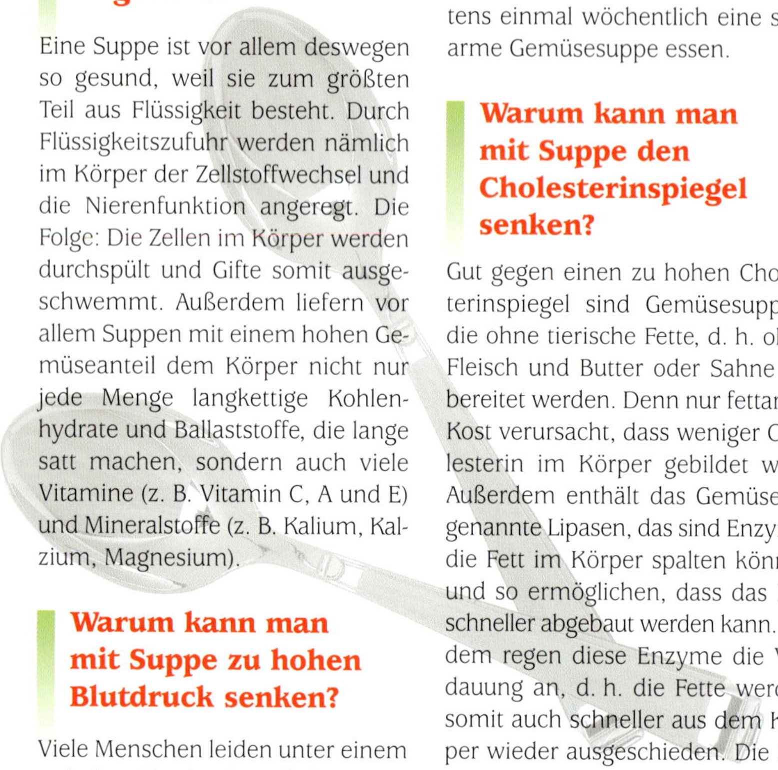

Warum kann man mit Suppe zu hohen Blutdruck senken?

Viele Menschen leiden unter einem zu hohen Blutdruck, weil sie z. B. zu viel Salz (Natriumchlorid) mit der Nahrung zu sich nehmen. Die Folge: Salz bindet Wasser im Körper, was dazu führt, dass der Wasseranteil im Körper zunimmt und damit auch das Körpervolumen. Das Herz muss mehr arbeiten, um den Körper ausreichend zu versorgen, und dadurch steigt der Blutdruck. Deshalb sollten Menschen mit einem zu hohen Blutdruck auf jeden Fall salzarme Gemüsesuppen essen. Durch die Flüssigkeit, die Sie mit der Suppe zu sich nehmen, wird das Salz und dadurch auch das Wasser aus dem Körper wieder ausgeschieden, und der Blutdruck nimmt ab. Außerdem senken die im Gemüse enthaltenen Polyphenole ebenfalls den Blutdruck.

Tipp: Wer unter zu hohem Blutdruck leidet, sollte daher mindestens einmal wöchentlich eine salzarme Gemüsesuppe essen.

Warum kann man mit Suppe den Cholesterinspiegel senken?

Gut gegen einen zu hohen Cholesterinspiegel sind Gemüsesuppen, die ohne tierische Fette, d. h. ohne Fleisch und Butter oder Sahne zubereitet werden. Denn nur fettarme Kost verursacht, dass weniger Cholesterin im Körper gebildet wird. Außerdem enthält das Gemüse so genannte Lipasen, das sind Enzyme, die Fett im Körper spalten können und so ermöglichen, dass das Fett schneller abgebaut werden kann. Zudem regen diese Enzyme die Verdauung an, d. h. die Fette werden somit auch schneller aus dem Körper wieder ausgeschieden. Die Folge: Der Cholesterinspiegel sinkt.

Wie gesund ist welche Suppe?

Studiogast Dr. Frank Schwebke hat für Sie die bekanntesten Suppen in puncto Gesundheit auf den Prüfstand genommen:

- **Gulaschsuppe:** Eine Gulaschsuppe ist nur dann gesund, wenn sie aus magerem Fleisch gekocht wird und man auf Zutaten wie z. B. Sahne verzichtet. Man sollte die Gulaschsuppe so fettarm wie möglich zubereiten. Der Grund: Fett lagert sich in den Blutgefäßen ab und verengt sie. Die Folge: Arterienverkalkung kann somit beschleunigt werden. Außerdem rät unser Studiogast Dr. Schwebke, die Suppe nur wenig zu salzen, denn zu viel Salz kann den Blutdruck erhöhen.

- **Hühnersuppe:** Hühnersuppe ist eine echte Wunderwaffe, denn Hühnerfleisch ist nicht nur mager, d. h. fettarm, sondern enthält auch viele verschiedene Eiweiße. Eiweiß braucht der Körper z. B. zum Muskelaufbau, für den Stoffwechsel und zur Versorgung der Nerven. Eine besondere Wirkung der Hühnersuppe aber kommt durch den so genannten Eiweißstoff Cystein. Der wirkt bei Grippe und Erkältungen wie ein »natürliches Antibiotikum«: Cystein tötet nicht nur Bakterien und Viren im Körper ab, es wirkt auch schleimlösend bei Husten und Schnupfen. Außerdem enthält das Hühnerfleisch jede Menge Vitamin B_2 und B_3, und das hält die Gehirnzellen auf Trab.
- **Gemüsesuppe:** Gemüsesuppen haben jede Menge langkettige Kohlenhydrate und Ballaststoffe, die nicht nur langanhaltend satt machen, sondern dem Körper auch Kraft geben. Zusätzlich enthält das Gemüse eine große Portion an Vitaminen. Vitamin C steckt vor allem z. B. in Paprika, Vitamin A in Karotten und Vitamin E z. B. in Brokkoli und Grünkohl. Diese Vitamine schützen den Körper vor Gefäßverkalkungen und einer frühzeitigen Alterung, denn die Vitamine fangen die dafür verantwortlichen freien Radikalen einfach ab. Außerdem sind fettarme Gemüsesuppen gut gegen hohen Blutdruck und gegen einen zu hohen Cholesterinspiegel.
- **Gemüsecremesuppen:** Auch Gemüsecremesuppen haben einen großen Anteil an Gemüse und liefern dem Körper dadurch viele Vitamine und Mineralstoffe. Ein

Die Tomatensuppe: Gesund und kalorienarm.

großer Nachteil dieser Suppen aber ist ihr hoher Fettgehalt. Ob Championcreme- oder Brokkolicremesuppe – sie alle werden in der Regel mit Fett, z. B. Kokosfett oder Sahne, gebunden, um cremig zu sein. Zu viel Fett macht nicht nur dick, sondern kann auch zu Gefäßverkalkung führen.

- **Tomatensuppe:** Die Tomatensuppe ist eine der kalorienärmsten Suppen überhaupt. Doch nicht nur das macht sie so gesund: Tomaten liefern dem Körper auch eine große Portion sättigender Kohlenhydrate sowie viele wertvolle Inhaltsstoffe. Die wichtigsten sind Kalium und Lycopin. Der Grund: Kalium ist ein Mineralstoff, der Gehirn und Muskeln im Körper schneller arbeiten lässt und Lycopin, der rote Farbstoff in den Tomaten, senkt das Krebsrisiko vor allem für Magen-, Darm- und Lungenkrebs.
- **Fleischbrühe:** Auch Fleischbrühen können gesund sein – wenn sie richtig gekocht werden. Deshalb immer nur mageres Fleisch zum Auskochen benutzen und die Suppe vor allem nicht stark salzen. Der Grund: Zu viel Fett macht nicht nur dick, es beschleunigt auch die Arterienverkalkung, und zu viel Salz schadet dem Blutdruck.

Wichtig! Fleischbrühen liefern dem Körper vor allem Eiweiße. Die sind gut für den Muskelaufbau und halten die Gehirnzellen auf Trab.

Dr. Frank Schwebke und Michael Beck – unsere Experten für Tüten- und Fertigsuppen.

Welche Suppen sind gut zum Abnehmen?

Gut zum Abnehmen sind fettarme Gemüsesuppen. Ob mit Karotten, Kohlrabi, Bohnen oder einfach bunt gemischt: Gemüsesuppen versorgen den Körper ausreichend mit Vitaminen und Mineralstoffen und machen durch ihren großen Anteil an Kohlenhydraten langanhaltend satt. Denn die in Gemüse enthaltenen Kohlenhydrate sind langkettig, d. h. der Körper braucht im Gegensatz zu den kurzkettigen (wie z. B. in Zucker enthaltene Kohlenhydrate) mehr Zeit und mehr Energie, um sie zu verarbeiten.

Besonders gut zum Abnehmen – so Studiogast Dr. Frank Schwebke – ist die Kohlsuppe. Der Grund: Zum einen fördert Kohl die Verdauung, zum anderen enthält Kohl viele langkettige Kohlenhydrate. Dadurch benötigt der Körper zum Verdauen der Suppe mehr Energie, als er mit der Suppe überhaupt zu sich genommen hat. Die Folge: Man nimmt ab!

Rezept für Kohlsuppe

Zutaten:

1 großer Weißkohl
150 g Zwiebeln
5 Möhren
200 g Lauch
1 Bund Staudensellerie
2 Gemüsebrühwürfel
1,5 l Wasser
Sojasauce

Zubereitung:

Schneiden Sie einen Weißkohl, Zwiebeln (150 g), Möhren (5 Stück), Lauch (200 g) und einen Bund Staudensellerie in kleine Stückchen und geben Sie nun diese zusammen mit zwei Gemüsebrühwürfeln und Wasser (1,5 l) in einen Topf. Lassen Sie nun das Gemüse so lange kochen, bis es gar, aber noch bissfest ist. Anschließend können Sie die Suppe nach Belieben mit Sojasauce würzen. Sojasauce enthält nämlich z. B. Phytoöstrogene, die vor Brustkrebs schützen.

Generell gilt: Je mehr Flüssigkeit man zu sich nimmt, desto weniger anfällig ist der Körper für das Dickmacherhormon Insulin. Außerdem: Wer täglich drei Liter Flüssigkeit zu sich nimmt, fährt den Energieverbrauch im Körper um 2 % höher.

Wie gut sind Dosensuppen?

Der Vorteil einer Dosensuppe liegt klar auf der Hand: Sie muss lediglich in einen Topf gegeben und aufgewärmt werden – langes Kochen entfällt. Gegen die Dosensuppe als gelegentliche Mahlzeit ist auch nichts einzuwenden. Gerade Gemüsesuppen aus der Dose haben laut Studiogast Dr. Frank Schwebke nur etwas weniger Vitamine und Mineralstoffe als frisch zubereitete Suppen, da die Vitamine in der luftdicht abgeschlossenen Dose nur langsam zerfallen. Besser, weil vitaminreicher und ohne Zusatzstoffe sind natürlich die selbstgemachten Suppen.

Wenn Sie dennoch gelegentlich zu Dosensuppen greifen, sollten Sie allerdings darauf achten, dass in der Suppe Jodsalz enthalten ist, denn Jod schützt vor Schilddrüsenproblemen, wie z. B. Kropfbildung.

Aus einem Huhn werden 535 Tütensuppen gemacht – der Blick des Experten Dr. Schwebke spricht Bände.

Der »service:tr€nds«-Tomaten-Dosensuppen-Test

Wir wollten wissen: Welche Tomatensuppe aus der Dose ist die beste? Getestet hat für uns die Bundesforschungsanstalt für Ernährung in Karlsruhe.

Unsere Testkandidaten:

Produkte	erhältlich z. B. bei	Gewicht/ Menge	Preis	Preis/ 400 ml
Unox Tomatencremesuppe mit frischer Sahne	toom, real, HL	800 ml	1,09 €	0,55 €
Bravour Delikatess, Tomatencremesuppe mit frischer Sahne	Plus	425 ml	0,79 €	0,74 €
Buss Delikatess Tomatencremesuppe	Tengelmann	400 ml	0,75 €	0,75 €
Viva gute Küche, Tomatencremesuppe	real	400 ml	0,75 €	0,75 €
Erasco feine Tomatencremesuppe	Plus, toom, real, HL	390 ml	1,22 €	1,25 €
Sonnen Bassermann Tomatencremesuppe mit Sahne	toom, real	400 ml	1,29 €	1,29 €
Lacroix Tomatencremesuppe Pomo d'oro	toom, real, Tengelmann	400 ml	2,58 €	2,58 €

Unsere Testkriterien:

Test 1 – Vitamin C: Vitamin C ist gut für die Körperabwehr. Je schonender die Tomatensuppe bei der Herstellung erhitzt wurde, desto höher ist auch ihr Vitamin C-Gehalt.

Test 2 – Kalium: Ein Mineralstoff, der Gehirn und Muskeln im Körper schneller arbeiten lässt. Der Kaliumwert hängt davon ab, wie viele Tomaten zur Herstellung der Suppe überhaupt verwendet wurden.

Test 3 – Lycopin: Dieser rote Farbstoff in den Tomaten senkt das Krebsrisiko vor allem für Magen-, Darm- und Lungenkrebs. Je höher der Gehalt an Lycopin in den Tomatensuppen, desto mehr Tomaten sind in den Suppen enthalten und desto mehr Sonne haben sie tanken können.

Test 4 – Sensorik: Hier standen Farbe, Geschmack, Geruch und Konsistenz der Suppen auf dem Prüfstand. Eine gute Tomatensuppe sollte eine hellrote gleichmäßige Farbe haben, kräftig und würzig schmecken und riechen sowie eine sämige Konsistenz haben.

So haben wir bewertet:

Es wurden Einzelnoten von »sehr gut« bis »ungenügend« vergeben. Die Testkriterien wurden gewichtet.

Unser Endergebnis:

Produkte	Kalium	Vitamin C	Lycopin	Sensorik	Endnote
	Gewichtung 10 %	*Gewichtung 10 %*	*Gewichtung 30 %*	*Gewichtung 50 %*	
Bravour	gut	sehr gut	sehr gut	befriedigend	gut
Lacroix	befriedigend	ausreichend	sehr gut	befriedigend	gut
Erasco	gut	sehr gut	befriedigend	befriedigend	befriedigend
Buss	sehr gut	ausreichend	gut	ausreichend	befriedigend
Unox	befriedigend	ungenügend	gut	befriedigend	befriedigend
Sonnen Bassermann	befriedigend	sehr gut	befriedigend	ausreichend	befriedigend
Viva	befriedigend	ungenügend	gut	ausreichend	befriedigend

Fazit:

Am besten abgeschnitten mit der Note **»gut«** haben die Tomatensuppen von »Bravour« und »Lacroix«. Da aber **»Bravour«** von **Plus** mit einem Preis von 74 Cent für 400 ml deutlich günstiger ist, ist sie unser **»service:tr€nds«**-Testsieger.

Wie gut sind Tütensuppen?

Das Prinzip der Suppe aus der Tüte ist einfach: Das Pulver muss nur noch in kochendes Wasser gegeben und kurz aufgekocht werden – und schon ist die Suppe fertig. Tütensuppen gibt es mittlerweile in allen Variationen: Gemüse-, Fleisch-, Fisch-, Creme- und sogar asiatische Suppen. Doch bei Pulversuppen ist durchaus Vorsicht geboten.

Wo Gemüse oder Huhn draufsteht, ist noch lange nicht viel davon drin, denn in der Regel werden aus einem Huhn – so Studiogast Dr. Frank Schwebke – 535 Tütensuppen gemacht. Der Geschmack dieser Suppen kommt nämlich vor allem durch Geschmacksverstärker (in der Regel Natriumglutamat) und durch künstliche Aromastoffe zustande. Sie sind dazu notwendig, damit aus dem Pulver in der Tüte eine ansehnliche Suppe wird, die nach dem riecht und schmeckt, was die Verpackung verspricht.

Je mehr Geschmacks- und Aromastoffe in der Suppe, desto weniger Gemüse oder Fleisch ist verarbeitet worden, und das heißt: desto weniger Vitamine und Mineralstoffe sind in der Suppe drin. Außerdem können Geschmacksverstärker und künstliche Aromastoffe Allergien auslösen.

Wer zwischen einer gesunden und ausgewogenen Ernährung gelegentlich zur Tütensuppe greift, braucht – so Studiogast Dr. Frank Schwebke – keine Bedenken zu haben, wenn er beim Einkauf folgende Dinge beachtet:

Worauf sollten Sie beim Kauf einer Tütensuppe achten?

Zutatenliste

Die Zutatenliste finden Sie auf der Rückseite der Tütensuppe. Hier steht, was zur Herstellung des Pulvers verwendet wurde. In Deutschland ist es gesetzlich vorgeschrieben, dass die Inhaltsstoffe in der Reihenfolge ihres Anteils aufgelistet sind. Der Inhaltsstoff, der am höchsten dosiert ist, steht folglich an erster Stelle. Für den Verbraucher bietet das eine gute Kontrollmöglichkeit: Er kann erkennen, wie hoch der Gemüse- und Fleischanteil ist, aber auch, wie viel Geschmacksverstärker und künstliche Aromen in der Suppe sind. Achten Sie beim Kauf einer Suppe darauf, dass Inhaltsstoffe wie Salz, Zucker, Geschmacksverstärker, Fette und künstliche Aromastoffe möglichst am Schluss der Zutatenliste stehen.

Tipp: Inhaltsstoffe wie Gemüse oder Fleisch sollten als erstes auf der Liste stehen, denn je weiter vorne sie stehen, desto mehr ist davon drin.

Nährwerttabelle

Die Nährwerttabelle, ebenfalls auf der Rückseite der Tüte, gibt an, wie viele Kalorien, Kohlenhydrate, Eiweiße und wie viel Fett in der Suppe enthalten sind. Wenn Sie beim Kauf verschiedene Suppen z. B. nach ihrem Fettgehalt miteinander vergleichen, achten Sie darauf, dass bei einigen Herstellern in der Tabelle die Werte für 100 ml so genannter »verzehrfertiger« Suppe, bei anderen dagegen die Werte pro Teller, also für 250 ml Suppe, angegeben sind. Wie viele Kohlenhydrate und wie viel Fett z. B. in einer guten Tütensuppe enthalten sein sollten, hat Studiogast Dr. Frank Schwebke für Sie im Folgenden aufgelistet:

- **Kohlenhydrate:** Der Gehalt an langkettigen Kohlenhydraten wie z. B. Gemüse macht aus, wie satt Sie von einer Suppe werden und wie lang dieses Sättigungsgefühl anhält. Achten Sie deshalb darauf, dass die Angabe für Kohlenhydrate auf der Packung möglichst hoch ist. Bei einer Gemüse- oder Fleischsuppe sollten sie bei **ca. 10 g pro Teller (250 ml)** liegen. Suppen mit Nudeln, Reis oder Kartoffeln sind sogar richtige Sattmacher. Hier liegt der Gehalt an Kohlenhydraten bei bis zu 30 g (250 ml).
- **Fettgehalt:** Im Gegensatz zu den Kohlenhydraten sollte der Fettgehalt möglichst niedrig sein, denn Fett macht dick und kann zu Arterienverkalkung führen. Beim Kauf also darauf achten, dass der Fettgehalt der Suppe **unter 1 g pro Teller (250 ml)** liegt. Für alle, die auf ihre Linie achten, gilt daher: Finger weg von Cremesuppen, denn die haben in der Regel einen bis zu zehnmal höheren Fettgehalt als fettarme Gemüsesuppen.
- **Salz:** Anhand der Zutatenliste können Sie beim Einkauf kontrollieren, welches Salz zur Herstellung verwendet wurde. Enthalten sein sollte Jodsalz oder jodiertes Speisesalz. Finger weg dagegen von Suppen, in deren Zutatenliste nur das Wort Salz aufgelistet wird. Hier hat man zur Herstellung häu-

fig das billigere und gesundheitsschädlichere Kochsalz verwendet. Jodsalz ist besser, denn es hat den Vorteil, dass es gegen Schilddrüsenerkrankungen vorbeugt. Allerdings sollten Suppen prinzipiell wenig Salz enthalten, weil Salz den Blutdruck erhöhen kann.

- **Künstliche Aromastoffe und Geschmacksverstärker:** Stehen diese beiden Inhaltsstoffe bereits am Anfang der Zutatenliste, heißt das, ihr Anteil ist im Vergleich zu den anderen Zutaten sehr hoch. Von diesen Suppen sollten Sie darum lieber die Finger lassen, denn Geschmacksverstärker (wie z. B. Natriumglutamat) und künstliche Aromen (auf der Tüte gekennzeichnet als Aroma oder naturidentische Aromen) können Allergien auslösen. Je weiter hinten in der Zutatenliste diese Angaben stehen, desto weniger ist in den Suppen enthalten. Dennoch: Allergiker sollten die Finger davon lassen.

Tipp: In vielen großen Supermärkten werden mittlerweile Bio-Suppen angeboten, die keine Geschmacksverstärker und ausschließlich natürliche Aromastoffe verwenden, wie z. B. die Suppen von Grünes Land.

»Fünf Minuten-Terrine«

Diese schnelle Mahlzeit für zwischendurch macht sogar den Herd überflüssig. Das Suppenpulver, häufig mit Nudeln oder Kartoffelstückchen versetzt, muss nur noch mit kochendem Wasser übergossen werden – fertig ist die Suppe. Für die »Fünf-Minuten-Terrine« gilt dasselbe wie für die Tütensuppe: Auch hier ist der Anteil an Aromastoffen und Geschmacksverstärkern aus dem Chemielabor hoch. Auch hier gilt: Als Snack für zwischendurch ist die »Fünf-Minuten-Terrine« sicherlich in Ordnung. Vorausgesetzt – so Studiogast Dr. Frank Schwebke – man isst sie nicht täglich. Denn sonst kann das Risiko einer Allergie gegen Geschmacksverstärker steigen. Außerdem sind in »Fünf-Minuten-Terrinen« kaum mehr Vitamine enthalten.

Warum sind selbst gemachte Suppen am besten?

Selbstgemachte Suppen sind – so Dr. Frank Schwebke – am besten, da sie z. B. keine allergieauslösenden Geschmacksverstärker enthalten. Außerdem haben selbstgemachte Suppen die meisten Vitamine,

Der Suppen Tipp
von Prof. Hademar Bankhofer

Suppen sind ein Lebenselixier. US-Wissenschaftler haben nachgewiesen: Wer regelmäßig Suppe in den Speiseplan einbaut, der lebt länger und hat bessere Gesundheitswerte. Man kann mit Suppe nämlich z. B. den Blutdruck senken, Cholesterinwerte normalisieren und sich bei Erkältung damit satt essen, ohne den Magen zu belasten. Außerdem: wer viel Suppe isst, der hat auch deutlich weniger Falten im Gesicht. Der Grund: die reichliche Flüssigkeitszufuhr glättet die Haut von innen.

selbst wenn Sie hier tiefgefrorenes Gemüse zum Kochen verwenden. Tiefgefrorenes Gemüse enthält nämlich in der Regel oft einen höheren Anteil an Vitaminen als frisch gekauftes. Weitere Vorteile: Sie können selbst die Salzmenge und vor allem das Salz (Jodsalz) bestimmen und die Suppe möglichst fettarm und kohlenhydratreich kochen.

KÜCHENPRAXIS

Was sollten Sie beim Suppekochen beachten? Sternekoch Michael Beck hat einige Tricks und Kniffe für uns aufgeführt:

- Lassen Sie die Brühe beim Kochen immer nur köcheln, denn zu hohe Temperaturen zerstören nicht nur Vitamine, Mineralstoffe und den Geschmack. Durch zu langes Kochen kann die Suppe auch trüb werden.
- Salzen Sie Suppen erst am Ende der Kochzeit. Wer schon am Anfang kräftig salzt, riskiert nämlich, dass die Suppe am Ende versalzen schmeckt. Der Grund: Der Geschmack wird intensiver, je stärker die Suppe einkocht.
- Geben Sie Gemüse erst 10–15 Minuten vor Ende der Kochzeit in die Suppe. So bleibt es knackig und bissfest und kann nicht verkochen.
- Auch für frische Kräuter gilt: Sie gehören erst kurz vor dem Servieren in die Suppe.

  Tipp: Feste Kräuter, wie z. B. Lorbeer, Thymian oder Rosmarin brauchen einige Minuten, um ihr Aroma voll entfalten zu können. Deshalb diese Kräuter 3–4 Minuten vor Ende der Kochzeit hinzugeben. Bei weichen Kräutern, z. B. Petersilie, Basilikum oder Kerbel dagegen, verkocht das Aroma schnell. Deshalb diese Kräuter erst direkt vor dem Servieren zum Würzen verwenden.
- Kochen Sie Einlagen, wie z. B. Reis, Nudeln oder Kartoffeln in separatem Wasser und geben Sie sie erst danach in die Suppe. Der Grund: Diese Einlagen geben Stärke an die Suppe ab, dadurch verändert sich nicht nur der Geschmack, die Suppe wird auch noch trüb.

  Tipp: Nudeln, Reis und Kartoffeln nicht ganz gar, sondern nur »bissfest« kochen, da sie in der heißen Suppe immer noch ein wenig nachgaren.
- Beim Eintopfkochen darauf achten, dass Sie Gemüse, Kartoffeln und Fleisch vorher mit etwas Sonnenblumenöl im Suppentopf anbraten. So kann sich das Aroma der einzelnen Inhaltsstoffe nämlich besser entfalten und der Eintopf schmeckt später einfach kräftiger.
- Servieren Sie Suppen in vorgewärmten Tellern, dann bleibt die Suppe länger warm. Dazu einfach den Backofen auf 50 °C stellen und die Teller darin ca. 15 Minuten anwärmen.

Exklusiv-Rezepte von Sternekoch Michael Beck

Leckere Suppenrezepte von Studiogast und Sternekoch Michael Beck.
Alle Angaben sind jeweils für 4 Personen gedacht.

Gulaschsuppe

Zutaten:

400 g Rindfleisch aus der Keule

200 g Zwiebeln

40 g Butterschmalz

1 EL Tomatenmark

1 EL edelsüßes Paprikapulver

1 EL Weißweinessig

1,5 l hellen Rinderfond

1 TL gemahlenen Kümmel

1 unbehandelte Zitrone (bzw. den Abrieb von der Schale)

2 Knoblauchzehen

1 EL gehackten Majoran

300 g Kartoffeln

je 1 rote, grüne und gelbe Paprikaschote

nach Geschmack Jodsalz und schwarzer Pfeffer

Zubereitung:

Rindfleisch (400 g) in 1 cm große Würfel schneiden. Die Zwiebeln (200 g) schälen und ebenfalls in kleine Würfel schneiden. Nun das Fleisch in Butterschmalz (40 g) von allen Seiten goldbraun braten und dann die Zwiebeln dazugeben. Auch die Zwiebeln müssen goldbraun werden. Erst dann das Tomatenmark (1 EL), Paprikapulver (1 EL) und Weinessig (1 EL) dazugeben. Danach wird der helle Rinderfond (1,5 l) unter Rühren dazugegossen. Den gemahlenen Kümmel (1 TL), die abgeriebene Zitronenschale, die zwei kleingehackten Knoblauchzehen und den gehackten Majoran (1 EL) dazugeben und das Ganze ca. 1 Stunde zugedeckt köcheln lassen.

Inzwischen die Kartoffeln (300 g) schälen und in 1 1/2 cm große Würfel schneiden. Die Paprikaschoten (je 1 rote, grüne und gelbe) putzen, waschen und in Rauten (1 bis 2 cm dicke Streifen) schneiden. Die Kartoffeln in die Suppe geben und mit der Suppe weitere 5 Minuten köcheln lassen. Dann die Paprikastücke hinzufügen und ca. 10 Minuten mitkochen. Zum Schluss mit Salz und Pfeffer je nach Geschmack würzen.

Tomatencremesuppe

Zutaten:

1 Frühlingszwiebel oder
1 kleines Stück Lauch

1 Möhre

1 große Zwiebel

3 große Fleischtomaten

1 EL Butter

1/2 EL Mehl

1/2–3/4 l Fleischbrühe

4–6 EL Schlagsahne

je nach Geschmack
Jodsalz, schwarzer Pfeffer
und etwas Zucker

Zubereitung:

Die Frühlingszwiebeln (1 Frühlingszwiebel) oder den Lauch (1 Stück) waschen und dann in kleine Stücke schneiden. Die Möhre (1 Möhre) schälen, die Zwiebel (1 Zwiebel) abziehen und beides in kleine Stücke würfeln. Die Fleischtomaten (3 Stück) ebenfalls gut waschen und anschließend in kleine Stücke schneiden. Dann das ganze Gemüse in der Butter kurz auf kleiner Stufe andünsten, mit Mehl (1/2 EL) bestäuben und danach mit Brühe (3/4 l) auffüllen. Das Ganze nun ca. 20 Minuten auf kleiner Flamme köcheln lassen. Danach die Suppe durch ein Sieb gießen und die Gemüsestücke entfernen. Dann die fast fertige Tomatensuppe mit der Schlagsahne (4–6 EL) verrühren, kurz wieder erhitzen und je nach Geschmack mit Jodsalz, Pfeffer und eventuell einer Prise Zucker abschmecken.

Tipp: Zum Verzieren einen Teelöffel Crème fraîche auf jede Portion setzen oder die Tomatencremesuppe mit Krabben verfeinern.

Champignoncremesuppe

Zutaten:

100 g Champignons
(ein paar Scheiben
zum Garnieren aufheben)

1 Schalotte oder
kleine Zwiebel

1 TL Butter

3/4 l Fleischbrühe

125 ml Schlagsahne

1 Eigelb

je nach Geschmack
Jodsalz, weißer Pfeffer
und Thymian

Zubereitung:

Champignons (100 g) unter kaltem Wasser vorsichtig abbürsten und die Zwiebel klein hacken. Dann mit der Butter (1 TL) kurz in einem großen Suppentopf andünsten, bis die Zwiebelstücke glasig sind. Nun das Ganze mit der Fleischbrühe (3/4 l) auffüllen und 3 Minuten kochen lassen. Dann den Topf von der Herdplatte nehmen. Die Schlagsahne (125 ml) und das Eigelb in einem extra Behälter miteinander verquirlen und unter ständigem Rühren in die fast fertige Championcremesuppe geben. Dadurch wird die Suppe cremig und dick.

Die Suppe nun kurz erhitzen, aber nicht mehr kochen lassen, da sie sonst gerinnt! Zum Schluss mit Salz und Pfeffer je nach Geschmack abschmecken und mit den restlichen Champignons und Thymian garnieren.

ACH DU DICKES EI !

Wie viele Eier sind wirklich gesund?

Wie gesund sind Eier?

Eier sind nicht – wie viele denken – schlecht für den Cholesterinspiegel, sondern nur für bestimmte Menschen. Es gibt nämlich viele Personen, die einer höheren Cholesterinaufnahme gegenüber relativ unempfindlich sind, da sie einfach den körpereigenen Cholesterinaufbau senken. Bei etwa 20 % der Bevölkerung funktioniert diese Regulierung allerdings nicht. Aber selbst solche Menschen müssen auf das tägliche Frühstücksei nicht verzichten. Eier sind gesund!

Besonders wertvoll ist das in Eiern enthaltene Eiweiß (pro Ei etwa 6,5 g): Die Struktur ähnelt dem menschlichen Körpereiweiß von allen tierischen Eiweißsorten am meisten. Es kann so optimal verwertet werden – auch zum Aufbau neuer Muskeln. Ein mittelgroßes Ei hat rund 80 Kilokalorien und 5,6 g Fett. Mehr als die Hälfte davon sind ein- und mehrfach ungesättigte Fettsäuren. Diese beugen Arterienverkalkung vor, weil sie die Blutgefäße in Schuss halten.

Außerdem sind in ihnen wertvolle Vitamine und Mineralstoffe enthalten. Ein mittelgroßes Ei deckt bis zu 10 % des Tagesbedarfs an Zink, zu einem Fünftel den Vitamin A-Bedarf und zu einem Achtel den Vitamin B_2-Bedarf. Zink schützt vor Erkältungen, Entzündungen, Haarausfall und Hautproblemen, Vitamin A schützt die Augen vor Sehschwächen, Vitamin B_2 beugt Hautproblemen vor.

Deshalb sollten wir es – so Ernährungsexperte Sven-David Müller – mit dem Eieressen nach dem Motto halten: »Jeden Tag ein Ei – und sonntags auch mal zwei!« Am gesündesten sind allerdings gekochte Eier. Der Grund: Sie enthalten genauso viele Nährstoffe wie rohe Eier, und auch die wertvolle Eiweißstruktur verändert sich durch das Kochen nicht. Auf rohe Eier sollten Sie nach Möglichkeit ganz verzichten, denn hier ist die Gefahr, an Salmonellen zu erkranken, besonders hoch. Gefährdet sind vor allem Menschen mit schwachem Immunsystem,Kranke, Senioren und Kinder. Bei diesen Gruppen kann der Verzehr von rohen Eiern zu heftigen Durchfallerkrankungen (Salmonellenerkrankung) bis hin zum Tod führen. Daher Finger weg von rohen Eiern, die auch oft in Süßspeisen, z. B. Tiramisu, versteckt sind.

Tipp: Damit das gekochte Ei gesund bleibt, sollte man zum Würzen fluoridiertes Jodsalz mit Folsäure verwenden und bei Rühr-

Nicht nur zu Ostern sind Eier ein Thema. Sven-David Müller und Michael Beck erklären warum.

und Spiegeleiern auf viel Fett, Sahne und Speck verzichten. Die eigentlich gesunde Mahlzeit kann sonst schnell zur schädlichen Fettfalle werden.

Welche unterschiedlichen Hühnerhaltungsformen gibt es?

Eier unterscheiden sich darin, wie die Legehennen gehalten werden. Das ist auch ganz entscheidend für den Eierpreis. Am günstigsten sind die Eier aus der **Käfighaltung**. In großen Ställen werden die Hennen in engen Legebatterien gehalten und sind bis an ihr Lebensende zum Eierlegen verdammt. Sie haben keinen Bewegungsfreiraum, die Haltung ist nicht artgerecht, aber profitabel. Auf engstem Raum wird die größtmögliche Hennenzahl gehalten, und zwar 18 Hennen pro Quadratmeter. In der Regel werden die Käfige sogar noch übereinander gestapelt. Diese Eier können so in den Supermärkten am günstigsten angeboten werden. Der Preis für zehn Eier: ca. 99 Cent.

Etwas teurer sind die Eier von Hennen aus **Bodenhaltung**. Bei dieser Haltungsform dürfen die Tiere zumindest frei herumlaufen. Nach draußen dürfen sie aber nicht. Pro Quadratmeter dürfen maximal sieben Hühner gehalten. Der Preis für zehn Eier: ca. 1,68 €.

Richtig glücklich sind erst die Hühner aus der **Freilandhaltung**. Artgerecht dürfen sie an der frischen Luft und der Sonne umherlaufen. Jede Henne muss mindestens 10 m^2 Auslauffläche haben. Der Preis für zehn Eier: ab ca. 1,53 €.

Am teuersten sind jedoch die **Bio-Eier**. Der Preis für zehn Eier: ab ca. 2,98 €. Hier werden die Hennen nicht nur artgerecht gehalten, sondern sogar mit biologisch angebautem Getreide oder Mais gefüttert.

Was ist besser: Eier aus Boden-, Freiland-, Käfighaltung oder Bio-Eier?

Laut Jürgen Budde vom Chemischen Untersuchungslabor Dr. Budde in Darmstadt haben alle Eier, egal aus welcher Haltung sie kommen, denselben Gehalt an Eiweiß und Nährstoffen wie Lecithin, Vitaminen und Mineralstoffen. Jeder Bauer füttert mittlerweile mit Getreide oder Mais

Gesundheitstipp von Sven-David Müller

Aktuelle wissenschaftliche Untersuchungen aus den USA zeigen, dass Hühnereier den Cholesterinspiegel nicht erhöhen. Grund dafür sind die vielen gesundheitsförderlichen Inhaltsstoffe im Hühnerei, insbesondere das Lecithin, das sogar den Cholesterinspiegel senken kann. Essen Sie trotzdem nicht mehr als ein Ei täglich. Das tägliche Frühstücksei ist deutlich gesünder als Wurst- oder Käsebrötchen!

und optimiertem nährstoff- und eiweißhaltigem Futter. Außerdem wird die Medikamentenvergabe an Hühner aus Käfighaltung mittlerweile so streng kontrolliert, dass es auch hier seit Jahren zu keinem Lebensmittelskandal mehr gekommen ist.

Deshalb haben wir Supermarkt-Eier aus den verschiedenen Haltungsformen miteinander verglichen.

Der »service:tr€nds«-Eier-Test

Wir wollten wissen: Sind günstige Eier aus der Käfighaltung genauso gut wie teure von glücklichen Hühnern? Getestet hat für uns das Chemische Untersuchungslabor Dr. Budde in Darmstadt.

Unsere Testkandidaten:

Produkte	Haltungsform	Hersteller	erhältlich z. B. bei	Preis/ Packung	Preis/ 10 Eier
10 frische Eier	Käfighaltung	Moos-Butzen	Tengelmann	0,99 €	0,99 €
10 frische Eier	Käfighaltung	Rewe	HL, miniMAL	0,99 €	0,99 €
Erlenhof 10 frische Eier aus Freilandhaltung	Freilandhaltung	Rewe	HL, miniMAL	1,49 €	1,49 €
6 Eier aus Freilandhaltung	Freilandhaltung	Moos-Butzen	Tengelmann	1,53 €	1,53 €
Erlenhof 10 frische Eier aus Bodenhaltung	Bodenhaltung	Rewe	HL, miniMAL	1,68 €	1,68 €
10 frische braune Qualitätseier	Käfighaltung	real	real	1,69 €	1,69 €
Gold-Ei 10 frische Eier aus Bodenhaltung	Bodenhaltung	Gold-Ei	real	1,79 €	1,79 €
Meier's 6 Eier aus Freilandhaltung	Freilandhaltung	real	real	1,39 €	2,32 €
Füllhorn 6 frische Ökoeier	Freilandhaltung	Rewe	HL, miniMAL	1,79 €	2,98 €

Unsere Testkriterien:

Test 1 – Frische: Hier wird der Eiweißrand, die Dotterhöhe, die Dichtezahl und die Größe der Luftblase im Ei gemessen. Bei einem frischen Ei sollte der Abstand zwischen äußerem und innerem Eiweißrand möglichst gering und der Dotter gut 2 cm hoch sein.

Kritische Prüfung der Eier im Chemischen Untersuchungslabor Dr. Budde.

Außerdem sollte das Ei eine hohe Dichte aufweisen, d. h. die Luftblase im Ei sollte möglichst klein sein. Dann ist nämlich noch wenig Wasser aus dem Ei nach außen verdunstet, was ein Hinweis auf kurze Lagerzeit und Frische ist.

Test 2 – Gewicht: Ein gutes Ei sollte seinem Gewicht entsprechend möglichst schwer sein. Wir haben überprüft, ob die Hersteller bei den Gewichtsklassen nicht mogeln und die Produkte korrekt deklarieren.

Test 3 – Geschmack: Ein gutes Ei sollte frisch schmecken und keinen Fehlgeschmack haben. Also z. B. nicht nach Fischmehl oder modrig schmecken und riechen. Fischmehl deutet auf billige Fütterung hin, modriger Geruch oder Geschmack auf eine schlechte Lagerungsform.

Unser Endergebnis:

Produkte	Hersteller	Zwischennote			Endnote
		Gewicht (x 1 gewichtet)	*Geschmack (x 1 gewichtet)*	*Frische (x 4 gewichtet)*	
10 frische Eier	Moos-Butzen	1	1,25	1	1,2 (sehr gut)
6 Eier aus Freilandhaltung	Moos-Butzen	2	1,5	1	1,5 (gut)
10 frische braune Qualitätseier	real	2	1,5	1	1,5 (gut)
Erlenhof 10 frische Eier aus Bodenhaltung	Rewe	2	2	1	1,8 (gut)
Gold-Ei 10 frische Eier aus Bodenhaltung	Gold-Ei	2	2,5	1	2,2 (gut)
Füllhorn 6 frische Ökoeier	Rewe	3	1,75	1	1,8 (gut)
Meier's 6 Eier aus Freilandhaltung	real	3	1,75	1	1,8 (gut)
10 frische Eier	Rewe	1	3,25	1	2,5 (befriedigend)
Erlenhof 10 frische Eier aus Freilandhaltung	Rewe	2	3	1	2,5 (befriedigend)

Fazit:

Mit **»sehr gut«** haben als einzige die **günstigen Eier für 99 Cent** von **Tengelmann** abgeschnitten. Deshalb sind sie unsere **»service:trends«**-Testsieger.

Worauf sollte man beim Eierkauf achten?

Damit Sie möglichst gute und frische Eier einkaufen, haben unsere Studiogäste Sven-David Müller und Michael Beck einige Tipps für Sie zusammengestellt.

- Werfen Sie zunächst einen Blick in die Verpackung. Die Eier sollten unbeschädigt sein, denn angeschlagene Eier verderben sehr schnell. Außerdem sollten die Eier und auch die Verpackung frei von Kot sein, denn darauf tummeln sich in der Regel Bakterien und Salmonellenerreger, die schlimme Magen- und Darmerkrankungen verursachen können.
- Achten Sie auch darauf, dass die Eier möglichst frisch sind. Das erkennen Sie anhand des Legedatums oder des Mindesthaltbarkeitsdatums (MHD) auf der Verpackung. Die Eier sollten nicht älter als sechs Tage sein bzw. noch mindestens drei Wochen haltbar sein. Ansonsten wurden sie zu lange gelagert, schmecken in der Regel nicht mehr so gut oder sind vielleicht schon verdorben.
- Achten Sie auch darauf, dass Sie Ihre gewünschte Größe kaufen. Diese ist mit Großbuchstaben nach dem »Kleidergrößenprinzip« auf der Verpackung angegeben. S (Small) = klein, M (Medium) = mittel und L (Large) = groß.

Achtung! Die Kennzeichnung des Alters und der Größe des Eies ist für alle Hersteller Pflicht. Bei einer aktuellen Untersuchung in Supermärkten hat die Verbraucherzentrale Hessen jedoch herausgefunden, dass nicht alle Produkte korrekt gekennzeichnet waren. Also, Augen auf und Finger weg von Eiern ohne Datum, sonst wissen Sie nicht, ob das, was Sie essen, vielleicht schon alt ist.

Was bedeuten die Zahlen und Buchstaben auf den Eiern?

Seit einigen Monaten sind die meisten Eier mit einem Stempel bedruckt. So soll ganz genau nachvollziehbar sein, wo das Ei gelegt wurde. Der Stempel ist in drei Teile untergliedert und sieht z. B. folgendermaßen aus: 0 – DE-1234567890.

Dabei steht der erste Teil für die **Haltungsform**:

0 = Bio
1 = Freiland
2 = Bodenhaltung
3 = Käfighaltung

Der Test: nur Eier, die untergehen, sind frisch.

Der zweite Teil steht für das **Land**, in dem die Henne das Ei gelegt hat, z. B. BE = Belgien, DE = Deutschland, FR = Frankreich, NL = Niederlande.

Der dritte Teil ist der **Legebetrieb** mit Stallnummer. Diese Ziffer ist vier- bis zehnstellig. So ist nachvollziehbar, in welchem Betrieb und Stall das Huhn dieses Ei gelegt hat. Wichtig ist diese Ziffer vor allem für die Kontrollbehörden. Ist das Ei nicht in Ordnung, also z. B. verdorben oder mit Medikamentenrückständen verseucht, können sehr schnell entsprechende Maßnahmen zur Beseitigung des Problems und damit zum Schutz der Verbraucher eingeleitet werden.

Noch ist der Aufdruck für europäische Bauern freiwillig, ab 1. Januar 2004 soll er aber zur Pflicht werden.

Welche Eier sind besser: braune oder weiße?

Die Farbe der Eierschale sagt nichts darüber aus, ob die Hühner beispielsweise im Freiland oder im Käfig gehalten wurden; sie ist allein von der Rasse der Hühner abhängig. Braune Eier sind genauso gesund wie weiße Eier. Auch in puncto Geschmack gibt es keine Unterschiede. Die Schale der braunen Eier ist allerdings etwas dicker, geht also beim Transport nicht so leicht kaputt.

Neuerdings sind in den Supermärkten auch Omega-3-Eier erhältlich. Sie sind teurer als herkömmliche Eier, denn die Hühner bekommen ein Futter, das reich an wertvollen Omega-3-Fettsäuren ist. Laut Sven-David Müller sind diese Eier sinnvoll, denn sie halten z. B. die Arterien jung und beugen Fettstoffwechselstörungen vor. Der Preis für sechs Eier: 1,78 €.

Was sagt die Farbe des Eigelbs aus?

Die Farbe des Eigelbs verrät uns, welches Futter die Hennen bekommen haben. Hellgelbe Farbe ist ein Hinweis darauf, dass sie mit einer günstigen Getreidemischung gefüttert wurden. Dunkles Gelb dagegen ist ein Zeichen für Fütterung mit Mais. In dunklem Eigelb ist auch etwas mehr gesundes Beta-Carotin drin. Das ist die Vorstufe von Vitamin A und hält die Augen fit.

Woran erkennt man zu Hause, ob Eier noch frisch sind?

Wenn Sie sich zu Hause nicht mehr ganz sicher sind, ob ein Ei noch frisch ist, gibt es einen einfachen Trick: Legen Sie das Ei in eine Schüssel mit Leitungswasser. Geht es unter, ist es noch frisch. Schwimmt es oben, sollten Sie es nicht mehr verzehren. Denn dann ist die Luftkammer im Ei, die es an die Wasseroberfläche treibt, sehr groß – das Ei liegt also schon sehr lange, es ist sehr viel Flüssigkeit daraus verdunstet und es ist bereits so alt, dass es verdorben ist. Im Zweifelsfall schlagen Sie das Ei, bevor Sie es weiterverarbeiten, am besten auf und riechen Sie daran. Riecht es nicht mehr neutral, sondern verdorben, also leicht faul, sofort wegwerfen, denn verdorbene Eier können schlimme Magen-Darm-Erkrankungen verursachen.

Der Eier-Tipp von Prof. Hademar Bankhofer

Ein wahres Wundermittel ist Ei-Öl. Ei-Öl wird aus Eigelb hergestellt. Es fördert die Wundheilung, in Form von Body-Lotion eignet es sich deshalb hervorragend gegen Neurodermitis, Psoriasis, Akne und Hautentzündungen. Außerdem hat Ei-Öl antibiotische Wirkung, hilft bei Verbrennungen und Gürtelrose. Und ganz wichtig: Ei-Öl hat keine Nebenwirkungen. Mehr zum Thema Ei-Öl finden Sie im Internet unter www.Dr.Nawrocki.de

Wie kann man sehen, ob ein Ei roh oder hart gekocht ist?

Machen Sie den »Rotationstest«! Drehen Sie das Ei dazu wie einen Kreisel mit der Hand um seine eigene Achse. Bei langsamen »eiernden« Bewegungen ist das Ei roh, bei schnellen gleichmäßigen Bewegungen dagegen gekocht.

Wie lagert man Eier am besten, und wie lange sind sie haltbar?

Was Sie bei der Lagerung von Eiern beachten sollten, haben Ernährungsexperte Sven-David Müller und Sternekoch Michael Beck für Sie zusammengestellt.

Ernährungsexperte Sven-David Müller klärt über Cholesterinwerte auf.

- Eier sollten im Kühlschrank aufbewahrt werden, und vor allem keinen großen Temperaturschwankungen ausgesetzt sein. So können sich Krankheitserreger am schlechtesten vermehren. Ab Legedatum sind rohe Eier mindestens vier Wochen haltbar. Hart gekochte Eier sind sieben Tage ab Kochdatum und mit Wachsfarben gefärbte Eier sogar bis zehn Wochen ab Kochdatum haltbar. Der Grund: Das Wachs verschließt die Poren der Schale, es kann keine Feuchtigkeit aus dem Ei verdunsten, und so hält es sich am längsten.
- Lagern Sie die Eier im Kühlschrank nicht in der Pappschachtel, denn die Pappe zieht Feuchtigkeit, und zusammen mit Verschmutzungen, z. B. Hühnerkot, ergibt das einen prima Nährboden für Bakterien.
- Deshalb die Eier in die dafür vorgesehenen Behälter im Kühlschrank geben und mit dem passenden Klappdeckel verschließen. Durch die Poren können die Eier sonst Fremdgerüche aus dem Kühlschrank annehmen. Der Deckel verhindert also, dass die Eier nach ein paar Tagen nach Salami, Fisch oder Knoblauch schmecken.

- Kotrückstände oder Verschmutzungen auf dem Ei nie unter fließendem Wasser abreiben! Damit waschen Sie Bakterien erst Recht ins Innere des Eies. Besser mit einem trockenen Küchenpapier den Schmutz vorsichtig entfernen.
- Außerdem die Eier immer mit dem stumpfen, etwas breiteren Ende nach oben lagern. Mit der Luftkammer nach oben gedreht (diese befindet sich nämlich im stumpfen Ende) lagern sie am stabilsten und gehen nicht so schnell kaputt.

KÜCHENPRAXIS

Wie bereitet man Eier am besten zu?

Ein Ei zu kochen oder zu backen ist keine Kunst. Wie die Klassiker Spiegelei, hart und weich gekochtes Ei eins a gelingen und zu einem Gaumenschmaus werden, verrät Ihnen Sternekoch Michael Beck.

Die Koch- oder Backzeiten in den Rezepten gelten für Eier mittlerer Größe (M). Bei kleineren (S) oder größeren (L) Eiern einfach bei den Kochzeitangaben jeweils eine halbe Minute abziehen bzw. dazugeben.

Rührei

Das Ei am besten an einer Kante aufschlagen und in eine Schüssel geben, einen Schuss Milch (oder etwas Sahne oder einen Löffel Crème Fraîche) hinzugeben und alles mit einer Gabel oder einem Schneebesen verquirlen. Auf gar keinen Fall in den Mixer geben, denn dort werden die Eiweißstrukturen zerschlagen und das Ei wird unschön matschig. Anschließend eine beschichtete Pfanne auf mittlerer Flamme heiß werden lassen. Keine Butter zugeben! Wer will, kann beim Erhitzen aber etwas Olivenöl hinzugeben. Dann das bereits verquirlte Ei hineingeben, 10–20 Sekunden warten und mit einem Holzschaber durchrühren. Wenn das Ei eine leicht glänzende, noch feuchte Konsistenz hat, sofort herausnehmen, auf den Teller geben und mit Pfeffer und Salz abschmecken.

Tipp: In das Rührei (aus zwei Eiern) einfach einen Teelöffel Basilikumpesto dazugeben oder etwas klein geschnittenen gekochten Spargel (50 g auf zwei Eier) mit in die Eimasse einarbeiten. Für die Exoten hat Sternekoch Michael Beck einen besonderen Tipp: Etwas Ingwersaft mit in die Eier rühren. Dazu vorher den Ingwer durch eine grobe Reibe jagen und dann mit einem Küchentuch kräftig ausdrücken. Luxus pur dagegen ist der schwarze Trüffel im Rührei. Hierfür einfach 20 bis 30 g schwarzen Trüffel klein reiben und zu zwei Eiern geben.

Spiegelei

Das »echte« Spiegelei wird nur einseitig gebraten, und zwar in einem kleinen Metallring (für ca. 2 € in Haushaltwarengeschäften erhältlich). Eine beschichtete Pfanne

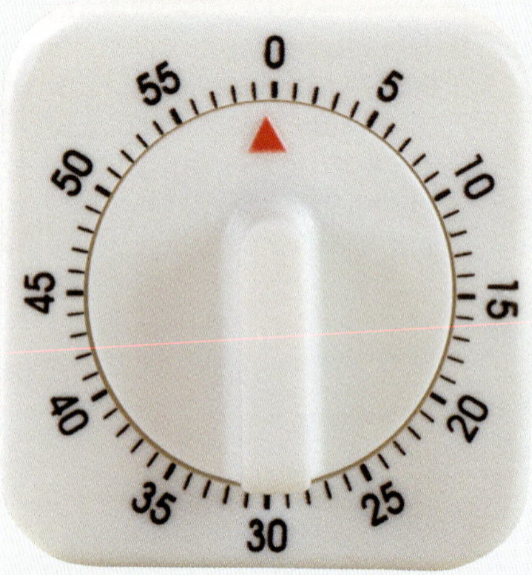

Eier sind immer zu hart oder zu weich. Wir erklären Ihnen, wie's klappt.

(ohne Öl und Fett) bei mittlerer Hitze erwärmen, den Ring hineinlegen und das Innere des Eies in den Ring hineinschlagen und so ca. 2 Minuten durchgaren lassen. Dann aus der Pfanne nehmen, auf den Teller heben und salzen. Dieselbe Vorgehensweise gilt auch für Spiegeleier, die Sie ohne runden Metallrahmen braten.

Tipp: Wer das Spiegelei mit einem besonderen Kick haben möchte, für den empfiehlt Sternekoch Michael Beck folgende Extras: Etwas kross gebratenen Speck (zwei dünne Streifen), Bärlauchblätter (drei Stück), jungen grünen Knoblauch (ein Stück), Frühlingszwiebeln (zwei Stück) oder dünn geschnittene frische Champignons (30 g). Egal, was Sie sich aus der langen Liste aussuchen, Sie müssen es einfach nur in der Teflonpfanne ohne Fett oder Butter anbraten und darauf dann das Spiegelei zubereiten.

Hart gekochte Eier

Das Wasser im Topf zunächst sprudelnd zum Kochen bringen. Das Ei mit einem »Eianstecher« (in jedem Haushaltwarenladen für ca. 1 € erhältlich) am breiten Ende anpieksen. So kann beim Kochen die Luft aus der Luftkammer entweichen, das nimmt der Schale die Spannung und sie platzt nicht. Kocht das Wasser, das Ei mit einer Schaumkelle vorsichtig in den Topf geben. Es sollte übrigens so viel Wasser im Topf sein, dass die Eier später mit mindestens 1–2 cm Wasser bedeckt sind. Das Ei soll schwimmen, und nicht »tanzen«, sonst schlägt die Schale auf den Kochtopfboden auf und zerplatzt.

Anschließend 7–9 Minuten (je nach Geschmack) kochen. Nach der angegeben Zeit das Ei mit der Schöpfkelle herausnehmen und kurz unter fließendem kalten Wasser abschrecken. So lässt sich die Schale später leichter abpellen. Das Eigelb darf auf gar keinen Fall so trocken sein, dass es bröckelt. Es sollte noch eine geschmeidige Konsistenz haben, denn sonst schmeckt es fad und trocken.

Weich gekochte Eier

Hier gilt dieselbe Vorgehensweise wie für das hart gekochte Ei. Die Kochzeit ist jedoch kürzer, sie beträgt für ein wachsweiches Ei 6–7 Minuten. Dieses Ei nennt sich auch »Ei im Glas« und wird klassischerweise in einem hohen Glas serviert und mit einem langen Löffel daraus gegessen. Für weich gekochte Frühstückseier beträgt die Kochzeit 4–5 Minuten.

Wie isst und serviert man Frühstückseier richtig?

Das Frühstücksei sollte frisch und noch warm mit der Spitze nach oben in einem Eierbecher, der auf einem kleinen Teller steht, serviert werden. Dann die obere Hälfte mit dem gewölbten Ende des Löffels anklopfen und mit dem Löffel köpfen. Auf gar keinen Fall mit dem Messer, das verstößt gegen gute Tischmanieren. Zunächst wird das geköpfte Ende ausgelöffelt und dann auf den Teller des Eierbechers gelegt. Danach essen Sie das übrige Ei. Man kann das Ei mit der linken Hand festhalten, es bleibt jedoch stets im Becher und wird nicht herausgenommen. Mit einem Streuer nach und nach Salz dazugeben. Weich gekochte Eier nicht mit dem Löffel verrühren! Auch das verstößt gegen die gute Sitte.

Tipp: Studiogast Sven-David Müller empfiehlt fluoridiertes Jodsalz mit Folsäure (z. B. von Bad Reichenhaller, Preis ca. 55 Cent). Viele Deutsche leiden nämlich unter Jodmangel. Durch Jodmangel entsteht z. B. eine krankhafte Vergrößerung der Schilddrüse, ein so genannter Kropf. Jod ist also wichtig für die Schilddrüse. Fluorid härtet den Zahnschmelz und wehrt Karies ab, außerdem macht es die Knochen hart und beugt Osteoporose vor.

Warum sollte man Eier nicht mit Silberlöffeln essen?

Eier reagieren chemisch mit Silber und werden dadurch ungenießbar. Essen Sie daher Eier niemals mit einem Silberlöffel. Früher wurden Perlmutt- oder Hornlöffel verwendet, heute nimmt man Plastik- oder Edelstahllöffel. Spezielle Eierlöffel haben zwar ihren Preis, sind dafür aber sehr praktisch (z. B. von WMF, Preis: 9,45 € für sechs Löffel). Sie sind am runden Ende etwas kleiner und schmaler als Kaffeelöffel und haben einen langen Stil. So kommen Sie beim Auslöffeln gut an das Innere des Eies. Edelstahl ist außerdem geschmacksneutral und spülmaschinenfest.

Tipp: Wenn Sie versehentlich Silberlöffel oder ein Silbertablett zum Servieren verwendet haben, lassen sich die dunklen, oxidierten Ei-Flecken ganz einfach entfernen: einfach mit etwas Zahnpasta, in der Schlemmkreide enthalten ist, abreiben und anschließend mit klarem Wasser abspülen und gut abtrocknen. Oder die befleckten Stücke ca. 20 Minuten in ein warmes Wasserbad mit einem Alufolienstreifen und etwas Salz legen. Anschließend mit einem trockenen Geschirrtuch gut abreiben.

Exklusiv-Rezepte von Sternekoch Michael Beck

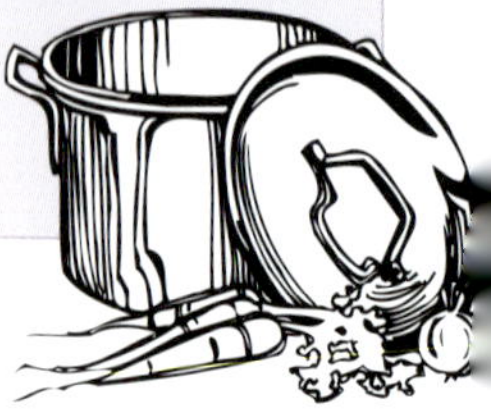

Frühlingseiersalat (für 4 Personen)

Zutaten:

5 Eier

2 Blätter Bärlauch

1 Bund Schnittlauch

2 Bund Blattpetersilie

50 g Crème Fraîche

100 g Joghurt

5 Radieschen

etwas Salz und
frisch gemahlenen Pfeffer

30 ml Olivenöl

30 ml Aceto Balsamicoessig

1 TL scharfer Senf

Zubereitung:

Eier (5 Stück) hart kochen (6 Minuten), mit kaltem Wasser abschrecken, erkalten lassen und die Schale abpellen. Anschließend in kleine Würfel schneiden. Dann Schnittlauch, (1 Bund) Blattpetersilie (2 Bund) und Bärlauch (2 Blätter) waschen, mit Küchenpapier gut trocknen und grob klein schneiden. Ebenso die Radieschen (5 Stück) waschen, klein schneiden und alles in eine Schüssel geben.

Danach den Joghurt (100 g), Crème Fraîche (50 g), Aceto Balsamicoessig (30 ml), Olivenöl (30 ml) und Senf (1 TL) in eine Schüssel geben und mit dem Schneebesen zu einer homogenen Soße verquirlen. Das Ganze mit Salz und Pfeffer abschmecken und zu den Kräutern und Radieschen geben. Beides gut miteinander vermischen, am Ende die Eier hinzugeben und ca. 20 Minuten ziehen lassen. Am Ende noch einmal mit Pfeffer und Salz abschmecken. Wer möchte, kann das Ganze zum Schluss z. B. noch mit Kresse garnieren.

Omelett (Grundrezept für 4 Personen)

Zutaten:

3–4 mittelgroße Eier

1 Prise Salz

1 EL Butter

Zubereitung:

Bei den mittelgroßen Eiern (3–4 Stück) zunächst das Eiweiß vom Eigelb trennen und in zwei verschiedene Schüsseln geben. Das Eiweiß mit dem elektrischen Handrührer auf der höchsten Stufe so lange steif schlagen, bis ein Schnitt mit dem Messer darin deutlich erkennbar ist. Die Eigelbe miteinander verquirlen und mit einer Prise Salz würzen. Dann vorsichtig das steif geschlagene Eiweiß unterheben. In einer Pfanne auf mittlerer Hitze Butter (1 EL) erhitzen, und die Menge einer Suppenkelle voll in die Pfanne geben und glatt streichen, ausbacken lassen und nicht wenden.

Tipp: Omeletts haben einen zarten, feinen Geschmack und eignen sich deshalb für eine abwechslungsreiche Zubereitung. Das Omelett wird nach dem Grundrezept zubereitet, mit der glatten Seite nach oben auf einen Teller geschoben und der Länge nach in der Mitte aufgeschnitten, aber nicht ganz durchgetrennt. Die Füllung wird in die Öffnung gelegt. Folgende Füllungen gehen schnell und sehr einfach:

Käsefüllung (für 1 Person):

Das aufgeschnittene Omelett einfach mit geriebenem Emmentaler (2 EL) füllen und z. B. mit gehackter glatter Petersilie oder frischer Kresse garnieren.

Pilzfüllung (für 1 Person):

Pilze (100 g, z. B. frische Champignons oder Austernpilze) mit Butter (1 EL) bei mittlerer Hitze ca. 2 Minuten anbraten. Mit Salz und Pfeffer abschmecken, in das Omelett geben und mit gehackter glatter Petersilie oder frischer Kresse garnieren.

Tipp: Wer es gerne würzig und vitaminreich mag, kann in das Omelett-Grundrezept gemischte gehackte Kräuter (2 EL, z. B. Basilikum, Salbei und/oder Petersilie) in die Eimasse geben und wie im Grundrezept beschrieben zubereiten. Die Kräuter passen prima zu allen Füllungen.

Mayonnaise (4–6 Personen)

Zutaten:

2 Eigelb

1/4 TL Salz

etwas weißen Pfeffer

1 EL Weißweinessig oder frischer Zitronensaft

10 EL Maiskeim-, Sonnenblumen-, Soja- oder Rapsöl

Zubereitung:

Eigelb (2 Stück), Salz (1/4 TL), etwas weißen Pfeffer und Weißweinessig (1 EL) mit dem Handrührgerät oder einem Schneebesen zu einer glatten Masse verquirlen. Das Öl (10 EL) zunächst tropfenweise, dann im dünnen Strahl einrühren, so dass eine glatte Soße entsteht. Benutzen Sie dazu am besten einen Stabmixer.

Tipp: Wem die klassische Mayonnaise zu fetthaltig ist, kann sie leichter machen. Nehmen Sie nur das halbe Grundrezept und vermischen Sie die fertige Mayonnaise mit 3 EL Magerquark oder Naturjoghurt. Oder Sie verwenden die Mayonnaise als Basis für weitere Soßen. Geben Sie z. B. etwas Tomatenmark oder etwas Curry dazu.

Baisertorte mit Erdbeeren

Zutaten für den Boden:

5 Eiweiß

Saft einer 1/2 Zitrone

150 g Zucker

150 g Puderzucker

1 Päckchen Vanillezucker

Zutaten für die Füllung:

100 g Erdbeerkonfitüre

500 g Erdbeeren

20 ml Kirschschnaps

250 ml Sahne

1/2 TL Zimt

20 g Zucker

Zubereitung:

Den Backofen zunächst auf 100 °C vorheizen und eine Springform mit 26 cm Durchmesser mit Backpapier auslegen. Dann das Eiweiß von 5 Eiern mit Zucker (150 g) und Puderzucker (150 g) und Vanillezucker (1 Päckchen) in eine Schüssel geben und mit dem elektrischen Handrührgerät zu Schnee schlagen. Danach den Saft einer halben Zitrone hinzugeben und nochmals kurz verrühren. Diese Baisermasse in eine Spritztüte geben und spiralförmig in die vorbereitete Springform spritzen. Den Rest der Masse auf den äußeren Rand ca. 5 cm breit doppelt so hoch spritzen wie den sonstigen Boden. Das Ganze 150 Minuten backen.

Tipp: Das Baiser darf nicht braun werden. Falls Sie feststellen, dass es anfängt braun zu werden, die Form einfach mit etwas Alufolie abdecken.

Währenddessen Erdbeerkonfitüre (100 g) mit dem Kirschschnaps (20 ml) etwas ziehen lassen. Wenn das Baiser fertig ist, aus dem Ofen nehmen und bei Zimmertemperatur ca. 2 Stunden abkühlen lassen. Anschließend den Boden mit dem Konfitüre-Schnapsgemisch bestreichen. Darauf gewaschene frische Erdbeeren (500 g) legen. Zum Schluss Sahne (250 ml) mit Zucker (20 g) und Zimt (1/2 TL) steif schlagen und die Torte damit verzieren.

ALLES KÄSE?

Was steckt wirklich in Gouda & Co.?

Wie gesund ist Käse?

Käse wird aus Milch hergestellt und ist deshalb eine gute Eiweiß- und Kalziumquelle. Schon mit 100 g Schnittkäse kann man 45 % seines Tagesbedarfs an Eiweiß decken. Das im Käse enthaltene **Eiweiß** kann zudem vom Körper optimal ver-

Sternekoch Michael Beck hat die wichtigsten Käsesorten zusammengestellt.

wertet werden. Der Grund: Das tierische Eiweiß im Käse ist dem menschlichen Körpereiweiß sehr ähnlich und dadurch für den Körper besonders leicht und schnell zu verarbeiten. Die meisten Menschen in Deutschland essen allerdings zu viel Eiweiß, und das belastet die Nieren. Deswegen sollte man Käse immer an Stelle anderer eiweißhaltiger Lebensmittel – wie Wurst, Fleisch oder Quark – essen, und nicht zusätzlich.

Das **Kalzium** im Käse sorgt für gesunde Zähne und Knochen. 100 g Parmesan oder 120 g Gouda decken den Tagesbedarf dieses Mineralstoffes. Die tägliche Portion Käse mindert so das Risiko, an Osteoporose zu erkranken. Die in Käse enthaltenen **B-Vitamine** machen eine schöne Haut und helfen gegen Stress. Käse soll, so einige Wissenschaftler, zudem ein guter Kariesschutz sein, denn das enthaltene Eiweiß und die Mineralstoffe reduzieren die Säurebildung im Mund, und das mindert das Kariesrisiko.

Allerdings enthält Käse auch sehr viel **Fett**. In 100 g halbfestem Schnittkäse stecken rund 30 g. Außerdem ist in Käse recht viel Salz. Bei der Käseherstellung wird nämlich Salz zugesetzt. Zu viel Salz ist jedoch ungesund, denn dadurch werden die Nieren stark belastet. Außerdem enthalten viele Schnittkäsesorten Natrium- oder Kaliumnitrat, um Blasen und Risse bei der Reifung zu vermeiden. Nitrat kann sich in Nitrosamine umwandeln, und dieser Stoff erhöht das Risiko einer Krebserkrankung.

Welche Käsesorten gibt es?

Die wichtigsten Käsesorten hat Studiogast und »service:trends«-Sternekoch Michael Beck für Sie zusammengestellt. Ernährungswissenschaftlerin Birgit Junghans sagt Ihnen, welche Sorten gesund sind.

Hartkäse

Hartkäse besteht aus einem sehr festen, harten Teig. Auf der Zunge fühlt er sich deshalb teilweise etwas körnig an. Die bekanntesten Hartkäse sind **Emmentaler**, **Bergkäse**,

Parmesan und **Cheddar**. Hergestellt wird Hartkäse in der Regel aus Kuhmilch, es gibt ihn aber auch als Schafskäse (z. B. italienischer Pecorino) oder harten Ziegenkäse. Bei der Herstellung von Hartkäse wird neben Speisesalz auch oft Natrium- oder Kaliumnitrat zugesetzt, damit der Käse bei der Reifung möglichst glatt wird. Diese Salze können sich jedoch im Körper in Nitrit und Nitrosamine umwandeln, die Krebs auslösen können.

Allerdings ist Hartkäse auch eine echte Mineralstoffbombe. Er hat von allen Käsesorten am meisten Kalzium, nämlich bis zu 1,2 g pro 100 g. Leider enthält er auch recht viel Fett, nämlich bis zu 32 g pro 100 g.

Schnittkäse

Dieser Käse heißt so, weil er sich besonders gut schneiden lässt, denn er ist weich und saftig. Die bekanntesten Sorten sind **Gouda**, **Edamer**, **Appenzeller** und **Tilsiter**. Schnittkäse besteht zum größten Teil aus Kuhmilch. Er enthält viel Kalzium, nämlich rund 0,8–0,9 g pro 100 g Käse, allerdings auch bis zu 30 % Fett. Alle, die auf ihre Linie achten möchten, sollten deshalb die fettreduzierten Variante wählen. Gouda und Edamer gibt es mittlerweile an fast jeder Käsetheke mit nur noch ca. 16 % Fett. Da Fett auch Träger von Geschmacksstoffen ist, schmecken die fettarmen Sorten allerdings meist nicht ganz so aromatisch. Auch fast allen Schnittkäsesorten wird bei der Herstellung Natrium- oder Kaliumnitrat zugesetzt.

Halbfester Schnittkäse

Halbfester Schnittkäse wird oft mit Weichkäse verwechselt. Der Unterschied: Während die härteren Käsesorten überwiegend eine feste Rinde haben, kann die Oberfläche eines halbfesten Käses weich oder von Edelschimmel überzogen sein. Die bekanntesten Sorten sind **Butterkäse**, **Bonbel** oder **Babybel**. Halbfester Schnittkäse wird überwiegend aus Kuhmilch, aber auch aus Schaf- oder Ziegenmilch hergestellt. Der Kalziumgehalt von halbfestem Schnittkäse liegt mit 0,6–0,7 mg pro 100 g unter dem Wert von Hart- oder Schnittkäse. Zudem hat **Butterkäse**, **Bonbel** oder **Babybel** 28 % Fett.

Sehr lecker, aber gesundheitlich nicht ganz unbedenklich: Der Rohmilchkäse.

Edelschimmelkäse
Dieser halbfeste Käse wird aus verschiedenen Milcharten hergestellt, meist mit einem hohen Anteil an Schaf- und Ziegenmilch. Der bekannte Roquefort z. B. besteht ausschließlich aus Schafsmilch. Blauer Edelschimmelkäse enthält übrigens relativ viel B-Vitamine. Diese sorgen u. a. dafür, dass unser Fettstoffwechsel angekurbelt wird und unser Körper ausreichend weiße Blutkörperchen produzieren kann. Die bekanntesten Sorten sind **Gorgonzola**, **Bavaria Blu** und **Cambozola**. Allerdings hat Edelschimmelkäse nur wenig Kalzium, nämlich rund 0,5 g pro 100 g.

Weichkäse
In dieser Schublade tummeln sich jede Menge Sorten, z. B. **Rotschmierkäse** mit seiner weichen rötlichen Oberfläche. Bekannte Rotschmierkäse sind z. B. **Saint-Albray** und **Chaumes**. Andere Sorten sind mit weißem Edelschimmel überzogen **(Weißschimmelkäse)**, z. B. **Brie**, **Bresso** und **Camembert**. Mit 20–28 % Fett hat Weichkäse übrigens weniger Fett als die meisten Hart- oder Schnittkäse. In puncto Kalzium liegt diese Käsevariante weit hinten: 100 g Brie z. B. enthalten gerade mal 0,4 g des Minerals.

Brüh- und Knetkäse
Dieser Käse wird bei der Herstellung weich und formbar gemacht und dann zu Kugeln geknetet. In Italien nennt man diese Käseart auch »Filata«. Der berühmteste Vertreter ist **Mozzarella**, der traditionell aus Büffelmilch hergestellt wird. Da Mozzarella einen großen Wasseranteil hat, stecken in diesem Käse pro 100 g nur ca. 0,4 g Kalzium. Dafür aber auch wenig Fett, nämlich nur rund 16 %.

Schmelzkäse und Käsezubereitungen

Schmelzkäse wird aus zerkleinertem, meist minderwertigem Emmentaler, der bei der Herstellung übriggeblieben ist, sowie Butter, Sahne, Molkepulver und Schmelzsalzen hergestellt. Alles zusammen wird erhitzt und zu einem flüssigen Teig verrührt, der dann wieder erkaltet. Das Ganze wird dann z. B. als Scheiblettenkäse oder Käseecken im Handel angeboten. Zu den Käsezubereitungen zählen aber auch »edle« Käsesorten wie Frischkäse mit Gewürzen oder Nussauflage. Schmelzkäse und Käsezubereitungen enthalten zwar viel Fett, aber pro 100 g auch rund 0,6 g Kalzium.

Frischkäse

Als Frischkäse bezeichnet man frisch hergestellten, nicht gereiften Käse, der sofort nach der Herstellung gegessen werden kann. Er ist in jedem Supermarkt fertig abgepackt, pur oder in vielen verschiedenen Geschmacksvarianten zu kaufen. Zu Frischkäse zählen **Quark**, körniger **Frischkäse** und **Ricotta**.

Vorteil: Frischkäse ist in sehr fettarmen Varianten erhältlich, Hüttenkäse beispielsweise enthält nur 4 % Fett. **Nachteil:** Frischkäse enthält bedingt durch seinen hohen Wasseranteil weniger Vitamine und Kalzium als andere Käsesorten. In Frischkäse stecken nur 0,1 g Kalzium pro 100 g.

Wie viel Käse ist gesund?

Käse ist ein wichtiger Kalziumlieferant. Allerdings gilt hier die Devise: Weniger ist mehr, sonst wird das eigentlich gesunde Lebensmittel zur Fettfalle. Für alle, die auf ihr Gewicht und ihre Cholesterinwerte achten möchten, gilt: Unbedingt auf den Fettgehalt der Käsesorte achten. Frischkäse, Mozarella, Parmesan, Camenbert und Edamer mit 30 % Fett i.Tr. sind relativ fettarm im Vergleich mit Chester, Gouda (45 % Fett i.Tr.) und Butterkäse.

Für normalgewichtige und gesunde Menschen gilt: täglich zwei bis drei dünn geschnittene Käsescheiben aufs Brot. Auch Sorten mit hohem Fettgehalt sind hier völlig in Ordnung. Wer Osteoporose vorbeugen möchte, sollte zu Käsesorten mit viel Kalzium greifen. Besonders viel davon steckt in Parmesan, Emmentaler und Bergkäse.

Der Käse-Tipp von Prof. Hademar Bankhofer

Wer viel Stress hat, braucht gute Nerven und ein gut funktionierendes Hirn. Geistige Fitness bringt z. B. Lezithin. Der Mensch braucht jeden Tag rund 5 g davon. Denn Lezithin stärkt nicht bloß schwache Nerven oder macht geistig fit. Lezithin ist auch entscheidend beim Aufbau unseres Gehirns beteiligt. Am meisten Lezithin enthält die Sojabohne, aber auch Käse enthält Lezithin, deshalb soll er auf dem täglichen Speiseplan nicht fehlen.

Der »service:tr€nds«-Frischkäse-Test

Getestet hat für uns die Landwirtschaftliche Untersuchungs- und Forschungsanstalt in Kassel.

Unsere Testkandidaten:

Produkte	erhältlich z. B. bei	Packungsgröße	Preis	Preis/200 g
Philadelphia Frischkäse, Doppelrahmstufe	Tengelmann, HL, real, Plus, Penny	200 g	1,19 €	1,19 €
Kleefeld Frischkäse, Doppelrahmstufe	Penny	200 g	0,59 €	0,59 €
ja! Frischkäse, Doppelrahmstufe	HL, miniMAL	200 g	0,59 €	0,59 €
Tip Frischkäse, Doppelrahmstufe	real	200 g	0,59 €	0,59 €
Alphorn Sahne-Frischkäsezubereitung, Doppelrahmstufe	Plus	300 g	0,88 €	0,59 €
Buko Frischkäse, Doppelrahmstufe	real, Tengelmann, HL, miniMal	200 g	0,97 €	0,97 €
Exquisa Sahniger Frischkäse, Doppelrahmstufe	Tengelmann, HL, real	200 g	0,89 €	0,89 €
Almette Frischkäse, Doppelrahmstufe	real, Tengelmann	150 g	0,79 €	1,05 €

Unsere Testkriterien:

Test 1 – Aussehen: Ein guter Frischkäse muss eine gleichmäßige, milchig weiße bis rahmgelbe Farbe haben und darf keine Verfärbungen aufweisen. Das deutet auf eine schlechte Verarbeitung hin und bedeutet, bei der Herstellung ist das Fett nicht richtig vermischt worden.

Test 2 – Konsistenz: Frischkäse sollte eine gleichmäßig weiche geschmeidige Konsistenz haben und darf sich auf der Zunge nicht körnig oder sandig anfühlen, sonst sind die einzelnen Bestandteile bei der Herstellung nicht gleichmäßig zugefügt worden.

Unsere Testkandidaten: Frischkäse im Vergleich.

Test 3 – Geschmack: Frischkäse darf keine Fehlgeschmäcker haben, z. B. nicht bitter oder ranzig schmecken, das kann nämlich darauf hinweisen, dass z. B. keine frische Milch verwendet wurde oder bei der Herstellung Fehler gemacht wurden.
Test 4 – Geruch: Ein Topprodukt darf nicht alt riechen, sonst ist der Frischkäse nicht wirklich frisch. Tauchen Fehlgerüche auf, kann es sein, dass zu alte Milch verwendet wurde oder bei der Herstellung Fehler gemacht wurden.

So haben wir bewertet:
Alle Testkriterien wurden gleich stark gewichtet, benotet wurde nach Punkten.

4,6–5 Punkte	sehr gut	2,5–1,6 Punkte	ausreichend
4,5–3,6 Punkte	gut	1,5–0,6 Punkte	mangelhaft
3,5–2,6 Punkte	befriedigend	0,5–0 Punkte	ungenügend

Unser Endergebnis:

Produkte	Aussehen	Konsistenz	Geschmack	Geruch	Endnote
Philadelphia Frischkäse, Doppelrahmstufe	5,0	5,0	4,6	4,8	4,9/sehr gut
Exquisa Sahniger Frischkäse, Doppelrahmstufe	5,0	5,0	4,4	5,0	4,9/sehr gut
Kleefeld Frischkäse, Doppelrahmstufe	5,0	5,0	4,4	5,0	4,9/sehr gut
ja! Frischkäse, Doppelrahmstufe	5,0	4,8	4,0	4,4	4,6/sehr gut
Tip Frischkäse, Doppelrahmstufe	5,0	5,0	4,0	4,8	4,7/sehr gut
Alphorn Sahne-Frischkäsezubereitung, Doppelrahmstufe	5,0	5,0	4,6	4,8	4,9/sehr gut
Buko Frischkäse, Doppelrahmstufe	5,0	4,8	4,8	5,0	4,9/sehr gut
Almette Frischkäse, Doppelrahmstufe	5,0	4,6	4,6	5,0	4,8/sehr gut

Fazit:
Überraschend: Die günstigen Produkte haben im Test genauso wie die teuren mit **»sehr gut«** abgeschnitten. Da **»Kleefeld«, »Alphorn«, »ja!«** und **»Tip«** mit 0,59 €/200 g am günstigsten sind, sind diese Frischkäse unsere **»service:trends«**-Testsieger.

Was bedeutet die Abkürzung »Fett i.Tr.«?

»Fett i.Tr.« ist die Abkürzung für »Fettgehalt in der Trockenmasse«. Damit wird angegeben, wie viel Fett in dem Käse enthalten ist, wenn man ihm das gesamte Wasser entziehen würde. Der tatsächliche Fettgehalt des Käses liegt deshalb deutlich unter den hohen Werten, die vor der Abkürzung »Fett i.Tr.« stehen.

Ein Beispiel: Gouda hat einen Fettanteil von 48 % i.Tr. Sein absoluter Fettgehalt liegt allerdings nur bei etwa 30 %. Das heißt, in 100 g sind ca. 30 g Fett enthalten.

Tipp: Mit der folgenden Faustformel können Sie das Fett i.Tr. kinderleicht in den tatsächlichen Fettgehalt umrechnen, der leider nur selten auf der Verpackung angegeben ist. Dazu müssen Sie die Angabe auf der Packung einfach – je nach Käse – mit folgendem Faktor multiplizieren:

- mit 0,3 bei Frischkäse
- mit 0,5 bei Weichkäse
- mit 0,6 bei Schnittkäse
- mit 0,7 bei Hartkäse

Ernährungswissenschaftlerin Birgit Junghans empfiehlt frischen Käse von der Theke.

Wie viel Fett hat Käse?

Wie viel natürliches Fett in welchem Käse wirklich drinsteckt, hat Ernährungswissenschaftlerin Birgit Junghans in einer Tabelle zusammengestellt:

Beispiel	Fett i.Tr.	Fett/100 g
Camembert	30 %	13 g
Edamer	30 %	16 g
Brie	45 %	21 g
Camembert	45 %	22 g
Roquefort	50 %	23 g
Gorgonzola	50 %	23 g
Appenzeller	45 %	25 g
Parmesan	32 %	26 g
Tilsiter	45 %	28 g
Butterkäse	50 %	29 g
Bonbel (dunkle Rinde)	50 %	28 g
Emmentaler	45 %	30 g
Mozzarella	52 %	16 g
Gouda	48 %	30 g

Von welchem Käse sollten Sie besser die Finger lassen?

Es gibt Käsesorten, die nicht besonders gesund sind und die Sie besser meiden sollten. Welche das sind, und warum sie nicht empfehlenswert sind, hat Birgit Junghans zusammengestellt.

- **Rohmilchkäse:** Rohmilchkäse wird aus Rohmilch, also nicht pasteurisierter Milch hergestellt. Sie wird dazu nur leicht erhitzt. Dadurch bleiben zwar mehr Geschmacks- und Aromastoffe enthalten, aber auch gesundheitsschädliche Erreger, die erst durch das Pasteurisieren abgetötet werden. Diese Erreger sind vor allem für Menschen mit einem schwachen Immunsystem gefährlich und können bei Schwangeren, Kindern und älteren Menschen zu Durchfall, Fieber und im schlimmsten Fall sogar zu chronischer Nierenschädigung führen.

Tipp: Rohmilchkäse muss in Deutschland auf der Verpackung als solcher gekennzeichnet sein. So können Sie beim Einkauf problemlos kontrollieren, ob es sich um einen Rohmilchkäse handelt oder nicht.

- **Schmelzkäse und Scheiblettenkäse** ist aufgrund seiner Herstellungsart nicht sehr hochwertig und enthält viel Salz, phosphathaltige Zusatzstoffe. Phosphor ist vor allem für Nierenkranke gefährlich. Zu viel Phosphor schädigt die Knochen und kann sie auf Dauer brüchig machen. Zudem hat Schmelzkäse und Scheiblettenkäse oft einen hohen Fettgehalt und kann so zu Übergewicht führen.
- **fertig geriebener Käse:** Dieser Käse ist vor allem bei Bequemen äußerst beliebt und eignet sich hervorragend zum Überbacken. Aber Vorsicht, denn er ist häufig mit Zusatzstoffen versehen, um den Käse länger haltbar zu machen oder noch zusätzlich zu würzen. Wer auf fertig geriebenen Käse trotzdem nicht verzichten möchte, sollte zumindest darauf achten, dass auf der Packung keine Nitrate (E 251 und E 252) und keine Phosphorsäure angegeben sind.

Wie gesund ist Schimmelkäse?

Für die Herstellung von Camembert, Brie oder Edelschimmelkäse (z. B. Roquefort) werden natürliche, harmlose Edelschimmelkulturen verwendet. Sie sorgen dafür, dass sich eine äußere Schimmelrinde oder Schimmel im Inneren des Käses bildet. Die Rinde schützt den Käse vor dem Austrocknen und gibt ihm einen angenehmen würzigen Geschmack. Edelschimmelkäse ist also nicht gesundheitsschädlich.

Auf allen anderen Käsesorten ist Schimmel jedoch alles andere als edel. Dieser Schimmel sondert in den Käse ein Gift ab, und das kann zu Magen-Darm-Beschwerden bis hin zu Leberschäden und Krebs führen. Schimmel kann auch allergische Reaktionen wie z. B. Asthma oder Hautausschlag auslösen. Deshalb Finger weg von Käse, auf dem sich ungewollt Schimmel gebildet hat. Dieser kann durch falsche Lagerung entstehen, oder wenn der Käse bereits zu alt ist. Schimmel bildet sich an den Rändern oder auch im Inneren. Solchen Käse sollte man wegwerfen, schimmlige Stellen abzuschneiden hilft nichts. Eine Ausnahme bildet Hartkäse: hier kann es ausreichen, die verschimmelten Stellen großzügig wegzuschneiden.

Worauf sollten Sie beim Käseeinkauf achten?

Empfindliche Menschen mit schwachem Immunsystem sollten Käse frisch an der Käsetheke einkaufen. Das raten unsere beiden Studiogäste

Birgit Junghans und Michael Beck. Fertig abgepackter Käse aus dem Kühlregal enthält nämlich häufig chemische Zusatzstoffe. Und diese können allergische Reaktionen wie z. B. Hautrötungen auslösen. Wer seinen Käse an der Käsetheke kauft, sollte Folgendes beachten:

- **Lagerung:** Schauen Sie sich genau an, wie der Käseladen oder Supermarkt, in dem Sie einkaufen, den Käse anbietet. Die Schnittstellen sollten sauber und frisch sein und mit einer Frischhaltefolie vor dem Austrocknen geschützt werden. Sind Käsestücke dagegen an den Ecken bereits braun oder ausgetrocknet, gilt: Finger weg, denn dann schmeckt er nicht mehr und hat bereits Aroma verloren. Lassen Sie die Scheiben deshalb immer frisch vom Stück abschneiden.
- **Geschmack:** Wenn Sie die Käsesorte nicht kennen, lassen Sie sich ein Stück zum Probieren abschneiden. So erkennen Sie auch, ob er nicht nur gut, sondern auch frisch und aromatisch schmeckt.

Auch für Käse aus dem Kühlregal haben unsere beiden Experten einige Tipps auf Lager:

- **Verpackung:** Achten Sie darauf, dass Sie den Käse nicht vakuumverpackt kaufen. Damit Käse aromatisch bleibt, muss er nämlich atmen können. Eingeschweißte Käse haben häufig bereits Aroma verloren. Besser ist Käse in einer Plastikbox mit Deckel. Hier bleibt ihm genügend Luft, um sein Aroma zu bewahren und ihn trotzdem vor dem Austrocknen zu schützen.
- **Aussehen:** Haben sich innerhalb der Verpackung bereits Wassertropfen gebildet, gilt: Finger weg! Dieser Käse ist entweder nicht richtig gelagert worden oder bereits verdorben. Dasselbe gilt für Käse, der bereits an der Rinde gelb geworden ist oder sich leicht nach oben wölbt. Dann ist er bereits ausgetrocknet oder nicht kühl genug gelagert worden und hat dadurch sein Aroma verloren. Wird Käse zu warm, tritt nämlich Fett aus. Dadurch wird der Käse dunkel und trocken.
- **Zusatzstoffe:** Achten Sie darauf, dass möglichst kein Nitrat im Käse enthalten ist. Das muss als E 251 und E 252 auf der Verpackung gekennzeichnet sein.

Wie sollten Sie Ihren Käse kaufen?

- **Frisch geschnitten:** Wer seinen Käse frisch an der Käsetheke schneiden lässt, geht auf Nummer sicher: Er kauft den reinen Käse ohne Zusätze von chemischen Konservierungsstoffen. Er hat nicht nur Topqualität, sondern auch einen tollen Geschmack und volles Aroma! Nachteil: Der Käse kann schneller austrocknen und – wenn er im Kühlschrank feucht wird – schneller schimmeln.
- **Frisch am Stück:** Für wahre Käsekenner keine Frage: Das beste Aroma und den besten Geschmack bekommt man, wenn man seinen Käse am Stück kauft. Außerdem ist auch dieser Käse frei von Konservierungsstoffen. Doch nicht nur das: Der Käse am Stück ist auch länger haltbar. Wenn man seinen Käse am Stück und im Kühlschrank trocken lagert, hält er sich über eine ganze Woche.

- **Abgepackt:** Wer sich das Schlangestehen an der Käsetheke sparen möchte, greift meist lieber zu frisch abgepacktem Käse von der Selbstbedienungstheke oder zu meist etwas günstigeren fertig abgepackten Markenprodukten. Welcher Käse besser schmeckt, der fertig abgepackte Markenkäse oder der frisch abgepackte aus der Selbstbedienungstheke im Supermarkt, hat »service:tr€nds« testen lassen.

Der »service:tr€nds«*-Schnittkäse-Test*

Wir wollten wissen: Welcher in Scheiben geschnittene Gouda, jung und aus dem Supermarkt, schmeckt am besten? Der fertig abgepackte Markenkäse oder der frisch abgepackte aus der Selbstbedienungstheke? Getestet hat für uns die Landwirtschaftliche Untersuchs- und Forschungsanstalt in Kassel.

Unsere Testkandidaten:

Produkte (fertig abgepackt)	erhältlich z. B. bei	Packungsgröße	Preis	Preis/kg
ja! deutscher Gouda, 48 % Fett i.Tr.	HL, miniMAL	200 g	0,79 €	3,95 €
Land froh Käse Scheiben, Gouda, 48 % Fett i.Tr.	Plus	250 g	0,99 €	3,96 €
Lindenhof deutscher Gouda, 48 % Fett i.Tr.	Penny	400 g	1,59 €	3,96 €
Tip deutscher Gouda in Scheiben, 48 % Fett i.Tr.	real	250 g	0,99 €	3,96 €
Tilbury Gouda in Scheiben, 48 % Fett i.Tr.	Tengelmann	200 g	0,99 €	4,95 €
Frico junger Gouda, 48 % Fett i.Tr.	real	200 g	1,29 €	6,45 €
Kraft mild-aromatischer Gouda, 48 % Fett i.Tr.	real, Tengelmann, HL	150 g	1,79 €	11,93 €
Produkte (frisch abgepackt)				
real frisch abgepackter geschnittener Gouda	real, toom, Kaufhof, Karstadt	202 g	1,19 €	5,90 €
Tengelmann frisch abgepackter Gouda	Tengelmann	118 g	0,70 €	5,90 €
HL Markt frisch abgepackter Gouda	HL	162 g	0,96 €	5,90 €

Unsere Testkriterien:

Test 1 – Aussehen: Ein hochwertiger junger Gouda sollte eine gleichmäßige elfenbeinerne bis gelbe Farbe und gleichmäßige etwa erbsengroße Löcher haben. Nur dann ist der Käse optimal gereift, richtig gelagert und verpackt worden.

Test 2 – Konsistenz: Wichtig hier: Der Käse darf in der Verpackung weder zu weich werden noch austrocknen. Sonst wurde er entweder falsch verpackt oder war schon alt, als er verpackt wurde.

Schnittkäse: unsere Testkandidaten.

Test 3 – Geschmack: Ein guter Gouda sollte nicht ölig, ranzig oder fad schmecken. Das kann daran liegen, dass bei der Herstellung Fehler gemacht worden sind, der Käse z. B. zu kurz oder zu lange im Salzbad gelegen hat.

Test 4 – Geruch: Er sollte auch z. B. nicht alt oder ranzig riechen, denn auch das kann auf Fehler bei der Herstellung hinweisen, z. B. eine zu lange Reifung im Salzbad.

So haben wir bewertet:

Alle Testkriterien wurden gleich stark gewichtet, benotet wurde nach Punkten.

4,6–5 Punkte	sehr gut	2,5–1,6 Punkte	ausreichend
4,5–3,6 Punkte	gut	1,5–0,6 Punkte	mangelhaft
3,5–2,6 Punkte	befriedigend	0,5–0 Punkte	ungenügend

Unser Endergebnis:

Produkte (fertig abgepackt)	Aussehen innen	außen	Geruch	Konsistenz	Geschmack	Endnote
Frico junger Gouda, 48 % Fett i.Tr.	4,8	5,0	4,6	4,8	4,8	4,8/sehr gut
Land froh Käse Scheiben, Gouda, 48 % Fett i.Tr.	3,6	5,0	5,0	3,4	4,4	4,3/gut
ja! deutscher Gouda, 48 % Fett i.Tr.	3,8	4,8	5,0	3,8	4,4	4,4/gut
Lindenhof deutscher Gouda, 48 % Fett i.Tr.	3,6	5,0	4,8	4,0	4,2	4,3/gut
Kraft mild-aromatischer Gouda, 48 % Fett i.Tr.	3,8	5,0	5,0	4,2	4,6	4,5/gut
Tip deutscher Gouda in Scheiben, 48 % Fett i.Tr.	3,4	5,0	5,0	4,0	4,4	4,4/gut
Tilbury Gouda in Scheiben, 48 % Fett i.Tr.	3,6	5,0	5,0	3,8	4,4	4,4/gut
Produkte (frisch abgepackt)						
real frisch abgepackter geschnittener Gouda	3,6	5,0	4,4	3,2	4,2	4,0/gut
Tengelmann frisch abgepackter Gouda	4,4	5,0	5,0	4,0	4,0	4,5/gut
HL Markt frisch abgepackter Gouda	3,4	5,0	5,0	3,6	4,6	4,3/gut

Fazit:

Das Ergebnis hat uns überrascht. Den besten geschnittenen Käse gibt es im Supermarkt also nicht »frisch abgepackt« an der Selbstbedienungstheke, sondern »fertig abgepackt« im Kühlregal. Als einziger Käse mit der Note **»sehr gut«** hat der **fertig abgepackte Frico** von **real** abgeschnitten. Deshalb ist er unser **»service:tr€nds«**-Testsieger.

Wie sollte man Käse lagern?

Damit Ihr Käse auch zu Hause möglichst lange frisch und aromatisch bleibt, hat Sternekoch Michael Beck einige Tipps für Sie zusammengestellt.

Temperatur

Damit Käse möglichst lange frisch bleibt, sollte er kühl gelagert werden, also entweder im Keller oder im Kühlschrank bei 4–12 °C. Wird Käse zu warm gelagert, beginnt er zu »schwitzen«, d. h. das Fett tritt in kleinen Perlen aus, und er wird trocken und zäh. Bei zu kühler Lagerung, also auch im Gefrierfach, verliert er Aroma.

Tipp: Optimal kann Käse sein Aroma entfalten, wenn Sie ihn vor dem Servieren ca. eine halbe Stunde bei Zimmertemperatur aufwärmen lassen, aber unbedingt luftgeschützt in der Verpackung oder unter der Käseglocke.

Verpackung

Die richtige Verpackung darf den Käse weder austrocknen noch zu feucht werden lassen. **Käsestücke** sollten Sie am besten in Frischhalte- oder Alufolie packen. Damit der Käse noch atmen kann und sein Aroma behält, sollten Sie mit einer Nadel ein paar kleine Löcher in die Folie stoßen. **Weichkäse** muss feucht bleiben, deshalb unbedingt in ein feuchtes Leinen- oder Baumwolltuch packen und in den Kühlschrank legen. Das Tuch sollte täglich neu befeuchtet werden, damit der Käse nicht austrocknet. **Schnittkäse** dagegen sollten Sie in einer fest verschließbaren Plastikbox aufbewahren. So wird er am besten vor dem Austrocknen geschützt. **Tipp:** Legen Sie unter den Käse ein Küchenkrepp. Das saugt die in der Box entstehende Feuchtigkeit auf. Wichtig: Das Küchenpapier sollte täglich gewechselt werden, sonst kann der Käse aufquellen und sich gesundheitsschädlicher Schimmel bilden.

Glasglocke

Unter einer Glasglocke sollte Käse nie längere Zeit gelagert werden, sondern höchstens einen Tag, sonst trocknet der Käse zu schnell aus. Wichtig: Auch unter einer Glasglocke muss der Käse gekühlt werden.

Wie lange ist Käse haltbar?

Die Haltbarkeit von Käse ist von seinem Reifegrad und Wassergehalt abhängig. Grundsätzlich gilt: Je älter der Käse und je geringer der Wassergehalt, desto länger ist er haltbar. Käse in Scheiben hält sich dagegen nicht so lange wie Käse am Stück. Er trocknet schneller aus.

Parmesan oder alter Gouda können bei richtiger Lagerung bis zu zwei Monate im Kühlschrank aufbewahrt werden. **Schnitt-, Weich- und Hartkäse** halten sich meist nicht länger als zwei Wochen. Besonders schnell verderblich ist **Frischkäse**. Er ist geöffnet nicht länger als fünf bis sieben Tage haltbar. Wird er zu warm aufbewahrt, kann sich sogar bereits nach einem Tag Schimmel bilden.

Markus Del Monego empfiehlt die passenden Weine zum Käse.

Welcher Wein passt zu welchem Käse?

Welcher Wein zu welchem Käse am besten passt, hat Weltmeistersommelier Markus Del Monego für Sie zusammengestellt.

- Käse und dazu ein Glas kräftigen Rotwein – echte Gourmets rümpfen die Nase. Der Grund: Besonders die kräftige Rotweinsäure mit viel Gerbsäure kann das Aroma des Käse zerstören. Den ultimativen Genuss gibt ein Rotwein nur bei Weichkäse wie **Camembert** und **Brie**. Die schmecken besonders gut zu einem zwei bis fünf Jahre alten französischen roten Bordeaux. Der nussige Geschmack von Weichkäse wird durch die Weinsüße eines reifen Bordeaux stärker hervorgehoben, der Käse schmeckt so viel intensiver.
- Zu 90 % aller Käsesorten passen jedoch viel besser Weißweine. Zu **Gouda** oder **Emmentaler** eignet sich hervorragend trockener deutscher Weißwein wie z. B. Burgunder. Auch beim **Ziegenkäse** ergänzt ein Weißwein besser als ein Rotwein, denn durch die Gerbsäure im Rotwein kann der Käse bitter oder metallisch schmecken. Gut zu Ziegenkäse passt dagegen

ein weißer fruchtiger, trockener französischer Weißwein, z. B. ein Sansaire.

- Süße Weißweine sind genau das Richtige für Blauschimmelkäse wie **Bavaria Blue** oder **Gorgonzola.** Hier empfiehlt Markus Del Monego z. B. eine Beerenauslese aus Baden, denn süße Weine neutralisieren den salzigen Käse und lassen ihn dadurch milder schmecken. Und noch ein Genießertipp zum Schluss: Wein und Käse passen dann am besten zusammen, wenn sie beide aus einer Region stammen.

Exklusiv-Rezepte von Sternekoch Michael Beck

Parmesan-Tütchen (ca. 36 Stück)

Zutaten:

150 g fein geriebener Parmesan

1 Prise Paprikapulver

150 g Ricottakäse

2 TL Zitronensaft

1 1/2 EL Milch

2 TL frischer Schnittlauch (gehackt, aber einige längere Halme zum Garnieren übrig lassen)

2 frische klein-geschnittene Feigen

Zubereitung:

Zunächst den Backofen auf 220 °C vorheizen. Dann zwei Backbleche mit Backpapier auslegen und mit Hilfe einer Ausstechform Kreise von ca. 7 cm Durchmesser auf das Papier zeichnen. Zwischen jedem Kreis sollte rund 1,5 cm Abstand sein. Mischen Sie den geriebenen Parmesan (150 g) mit dem Paprikapulver (1 Prise), geben Sie von dieser Masse jeweils drei Teelöffel auf die aufgezeichneten Kreise und verteilen es gleichmäßig. Die Kreise ca. drei Minuten im Ofen backen, bis der Käse geschmolzen und goldbraun ist. Dann das Blech aus dem Ofen nehmen, die Kreise mit einem scharfen Messer vorsichtig lösen und zu einer Art Eistüte formen. Dann das Ganze so lange abkühlen lassen, bis der Parmesan vollständig erhärtet ist, also ca. 20 Minuten.

Tipp: Erhärten die Parmesankreise zu schnell und lassen sich nicht mehr formen, einfach das Blech nochmals ca. 10 Sekunden in den Backofen stellen, damit der Käse wieder schmelzen kann.

Danach den Ricotta (150 g), Zitronensaft (2 TL) und Milch (1 1/2 EL) in einer Schüssel zu einer glatten Masse mit dem Schneebesen verquirlen. Den gehackten Schnittlauch (2 TL) dazugeben und mit Salz und frisch gemahlenem Pfeffer abschmecken. Die Masse anschließend mit einem Teelöffel in die abgekühlten Tütchen füllen und mit dem Rest Schnittlauch und den klein geschnittenen Feigen (2 Stück) garnieren.

Überbackenes Gemüse der Saison (für 4 Personen)

Zutaten:

400 g Gemüse der Saison (z. B. grüner Spargel oder Zucchini, Karotten, Staudensellerie)

8 Lasagneplatten

0,4 l fertiges Tomatenpüree (z. B. aus dem Tetrapack im Supermarkt)

1 Bund frisches grob geschnittenes Basilikum

1 klein geschnittene Knoblauchzehe

Salz und frisch gemahlenen Pfeffer

30 ml Olivenöl

20 ml Aceto Balsamicoessig

100 g frisch geriebener Parmesan

Zubereitung:

Das Gemüse der Saison (400 g, z. B. grüner Spargel, Zucchini, Karotten oder Staudensellerie) waschen, putzen und in 0,5 cm große Würfel schneiden. Danach das Tomatenpüree (0,4 l) mit Salz und frisch gemahlenem Pfeffer würzen. Das klein geschnittene Gemüse in einer beschichteten Pfanne ohne Fett 2–3 Minuten andünsten und mit 0,1 l Tomatenpüree ablöschen. Anschließend Aceto Balsamico (20 ml), die Knoblauchzehe und Basilikumblätter (1 Bund) dazugeben. Eine feuerfeste Form mit Olivenöl (30 ml) einstreichen und Tomatenpüree (0,2 l) dazugeben. Dann das erste Lasagneblatt einlegen und abwechselnd Gemüse und Lasagneblätter übereinanderschichten. Mit dem Rest Tomatenpüree (0,1 l) alles bedecken und bei 160 °C ca. 35–45 Minuten im Backofen garen. Dann den Parmesan gleichmäßig darauf verteilen und mit eingeschaltetem Grill noch mal 5 Minuten im Backofen lassen.

BUTTER ODER MARGARINE ?

Gesund mit dem richtigen Fett

Fett ist nicht gleich Fett

Nicht jedes Fett ist ungesund. Ganz im Gegenteil: So genannte »Fit-Fette« schützen – so Fitnesspapst Dr. Ulrich Strunz – vor Herzinfarkt und Schlaganfall und kurbeln die Produktion guter Hormone (Eicosanoide) an. Die machen nämlich das Blut dünnflüssiger, dadurch wird der Blutdruck gesenkt und Arterienverkalkung vorgebeugt. Außerdem machen Fette nicht dicker als Kohlenhydrate – im Gegenteil: Die Amerikaner z. B. essen zwar mehr Kohlenhydrate und weniger Fett, werden aber trotzdem immer übergewichtiger. Der Grund: Die schnellen Zucker aus den Kohlenhydraten gehen direkt in die Fettzellen, und damit bekommt man schneller wieder Hunger. Fette dagegen halten länger satt, und wenn man gute Fette (Fit-Fette) isst, sind diese auch gesund, wie man an der mediterranen Ernährung sehen kann.

»Fit-Fette« stecken vor allem in Oliven- und Rapsöl. Krank machen dagegen gesättigte Fettsäuren und Transfette. Diese stecken überwiegend in festen tierischen Fetten, in Bratfett, Margarine und in vielen Fertigprodukten. Bei Dauerkonsum führen diese Fette zu Herzinfarkt und Schlaganfall. Der Grund: Transfette sind klebrig und setzen sich in den Adern fest. Dadurch kann das Blut schlechter zirkulieren, der Blutdruck steigt und es kommt zu Herzkreislauferkrankungen.

Welche Fette sind gesund?

Was sich wirklich hinter welchem Fett verbirgt, hat Studiogast und Fitnesspapst Dr. Ulrich Strunz für Sie zusammengestellt.

- **Bratmargarine/Bratfette:** In allen Margarinen, die zum Backen und Braten geeignet sind, und Bratfetten, z. B. Palmin, ist ein hoher Anteil an ungesunden gesättigten Fettsäuren enthalten. Außerdem entstehen bei der Bratmargarine bei der Herstellung auch so genannte »Transfette«. Diese sind gesundheitsschädlich, da sie das Risiko für Herz-Kreislauf-Erkrankungen erhöhen. Deshalb am besten Bratmargarine und Bratfett meiden.
- **Margarine:** Auch bei herkömmlichen Margarinen heißt es aufgepasst. Viele enthalten gehärtete Fette und Transfette. Tipp: Werfen Sie einen Blick auf die Verpackung. Steht dort unter den Inhaltsstoffen »gehärtete Fette«, lassen Sie besser die Finger davon.

Gibt es gesunde Fette? Dr. Ulrich Strunz weiß Bescheid.

Gesünder sind Margarinen aus ungehärteten Pflanzenfetten. Hier steht auf der Verpackung »nicht gehärtet«. Das trifft auch auf die Marken »becel«und »Vitaquell« zu. Diese sind gesund; Diätmargarine ist immer frei von Transfettsäure.

- **Butter:** Butter enthält viel gesättigte Fettsäuren. Ein weiterer Nachteil der Butter ist das enthaltene Cholesterin. Das kann die Blutfettwerte erhöhen und außerdem zu Arteriosklerose und Herzinfarkt führen. Deshalbsollte man Butter nur in kleinen Mengen verwenden.
- **Pflanzliche Öle:** Pflanzliche Öle sind von allen Fetten die gesündesten. Aber auch hier heißt es aufgepasst. Denn es gibt beim Öl in puncto Fettsäuren große Unterschiede:
  - **einfach ungesättigte Fette:** Diese Fettsäuren sind die gesündeste Basis und kommen vor allem in Oliven- und Rapsöl vor. Der Mittelmeerraum macht es vor: Dort bekommen z. B. nur ein Fünftel der Bewohner Kretas einen Herzinfarkt, obwohl sie viel Fett (Olivenöl) essen.
  - **Omega-3-Fette:** Die Omega-3-Fette sind lebenswichtig als Baustoffe für körpereigene Botenstoffe. Wir nehmen heute zu wenig Omega-3-Fette auf. Diese Fette finden Sie vor allem in fettreichem Fisch, aber auch in Lein-, Walnuss- und Rapsöl. Wer diese Öle verwendet und viel Fisch ist, mindert das Risiko, an Schlaganfall und Herzinfarkt zu erkranken.
  - **Omega-6-Fette:** Sonnenblumen-, Maiskeim- und Distelöl, die viel mehrfach ungesättigte Fettsäuren enthalten, wurden lange für besonders gesund gehalten. Das Gegenteil ist der Fall. Diese Öle enthalten viel Omega-6-Fettsäuren. Die sind zwar wichtig für den Körper, aber wenn man zu viel Omega-6-Fettsäuren und zu wenig Omega-3-Fettsäuren verzehrt, werden entzündungsfördernde Botenstoffe gebildet. Dann werden Krankheiten wie Rheuma und Herzinfarkt gefördert.

Fazit:

Feste Fette enthalten vorwiegend gesättigte tierische Fettsäuren und sind deshalb ungesund – außer im Fisch, denn hier sind Omega-3-Fette enthalten. Je weicher und flüssiger das Fett ist, desto mehr ungesättigte Fettsäuren enthält es und desto gesünder ist es.

Der Öl-Tipp von Prof. Hademar Bankhofer

Kalt gepresstes Sonnenblumenöl kann man als Arznei einsetzen. Einfach morgens auf nüchternen Magen 1 EL Öl im Mund 10 bis 15 Minuten immer wieder zwischen den Zähnen hin und her ziehen und schließlich ausspucken. Das Öl zieht jede Menge Krankheitserreger aus den Mundschleimhäuten, baut die Immunkraft in Mund und Rachen auf, senkt die Anfälligkeit für Erkältungen und stärkt das Zahnfleisch.

Warum sind Oliven- und Rapsöl am gesündesten?

Oliven- und Rapsöl sind, so Dr. Ulrich Strunz, am gesündesten. Diese beiden Öle enthalten als einzige Ölsorten überhaupt die meisten einfach ungesättigten Fettsäuren, die dafür bekannt sind, Herz und Kreislauf positiv zu beeinflussen.

- **Rapsöl:** Dieses Speiseöl hat enorm viele Vorteile für die Gesundheit. Es besitzt die beste Mischung aus einfach ungesättigten Fetten und zusätzlichen Omega-3-Fetten. Der Gehalt an ungesättigten Fettsäuren ist bei Rapsöl so hoch wie bei keiner anderen Ölsorte – er liegt pro 100 g Öl bei 94 g.
- **Olivenöl:** »Olivenöl, das Lebenselixier aus dem Mittelmeer« – diesen Satz hört man nicht umsonst immer wieder, denn diese beliebte Ölsorte ist die gesündeste unter den Speiseölen. Olivenöl hat einen Anteil von 78 % an ungesättigten Fettsäuren – das sind die »guten« Fette, die unser Organismus braucht, damit der Fettstoffwechsel optimal funktioniert. Auch bei Olivenöl ist der Anteil an einfach ungesättigten Fettsäuren hoch. Aus zahlreichen Forschungen weiß man heute: Olivenöl wirkt cholesterinsenkend.

Die Mittelmeerbewohner machen es uns vor: Olivenöl hält gesund.

Warum ist extra natives Olivenöl am besten?

Alle Olivenöle, egal welche Güteklasse, enthalten eine große Portion gesunder ein- und mehrfach ungesättigter Fettsäuren. Extra natives Olivenöl (Güteklasse 1) ist deshalb am besten, weil es den geringsten Anteil an freien Fettsäuren enthält. »Extra« heißt, das Öl darf höchstens ein Gramm freie Fettsäuren pro 100 g enthalten – außerdem enthält Olivenöl mit einem Energiewert von 9 Kalorien pro Gramm kein Cholesterin.

Tipp: Deshalb beim Kauf von Olivenöl immer darauf achten, dass auf dem Etikett »extra nativ« oder »extra vergine« steht, denn dann ist das Öl aus den Oliven ohne Einwirkung von Hitze gewonnen worden. Außerdem sind auch noch die meisten Vitamine enthalten. Kaufen Sie das Öl zudem am besten in einer abgedunkelten Flasche, denn so halten sich die lichtempfindlichen Vitamine am längsten.

Welches »extra native« Olivenöl am besten ist, hat »service:tr€nds« getestet.

Gesundheitstipp von Sven-David Müller

Studien haben belegt, dass eine verminderte Fettaufnahme weniger bringt als eine verbesserte Fettqualität. Paradoxerweise senkt eine fettarme Ernährung (Stichwort »low fat«) das Gewicht weniger als eine relativ fettreiche Ernährung mit reichlich ungesättigten Fetten. Momentan nehmen wir täglich durchschnittlich 100 bis 120 g Fett auf. Ideal ist:

- *bei 1200 kcal 45 g (Reduktionskost)*
- *bei 1500 kcal 55 g (Reduktionskost)*
- *bei 1800 kcal 70 g (durchschnittlicher Energiebedarf von Senioren)*
- *bei 2000 kcal 75 g (durchschnittlicher Energiebedarf von Frauen)*
- *bei 2200 kcal 85 g (durchschnittlicher Energiebedarf von Männern)*
- *bei 2500 kcal 95 g (durchschnittlicher Energiebedarf von Heranwachsenden)*
- *bei 3000 kcal 115 g (hochkalorische Kost für Schwerarbeiten oder Leistungssportler)*

Der »service:tr€nds«*-Olivenöl-Test*

Wir wollten wissen: Welches »extra native« Olivenöl ist das beste? Testinstitut war das »Sensorische Olivenölpanel« in München. Folgende Produkte haben wir testen lassen:

Unsere Testkandidaten:

Produkte	erhältlich z. B. bei	Preis/750 ml
Il Palio natives Olivenöl extra	Tengelmann	1,99 €
Toscano natives Olivenöl extra	Tengelmann	2,04 €
Villa la Badia natives Olivenöl extra	Penny	2,09 €
La Capannina extra vergine	Plus	2,09 €
Natives Olivenöl extra Fleur real	real	4,59 €
Füllhorn natives Olivenöl extra Öko	miniMAL, HL	7,49 €
Bertolli extra vergine	real, Tengelmann,	5,09 €
Mazola Olivenöl extra vergine	Tengelmann, miniMAL, real, HL	5,99 €
Apsara Olio extra, vergine di Olivia	miniMAL, HL	6,74 €

Unsere Testkriterien:

Test 1 – Fehler: Hier wurde geprüft, ob die Olivenöle so genannte Fehlgeschmäcker haben, also z. B. ranzig oder muffig riechen oder schmecken. Ist dies der Fall, darf sich ein Olivenöl gar nicht »extra nativ« nennen, weil es von der Qualität minderwertiger ist.

Test 2 – Geruch und Geschmack: Ein gutes Olivenöl muss vor allem fruchtig riechen und schmecken. Tut es dass nicht, kann es bedeuten, dass die Oliven, aus denen das Öl hergestellt wurde, zu reif oder schon vom Baum gefallen waren.

Test 3 – Harmonie: Wichtig bei einem guten Olivenöl ist auch die Harmonie zwischen den einzelnen Aromen. So sollte ein Aroma nicht zu stark hervortreten und die anderen Aromen überlagern.

So haben wir bewertet:

Bewertet wurden die einzelnen Testkriterien nach folgendem Punkteschema:

Fehler:

15 Punkte	extra nativ (sehr gut)
5 Punkte	nativ (befriedigend)
0 Punkte	minderwertige Qualität (mangelhaft)

Geruch:

45	sehr gut
40–44	gut
35–39	befriedigend
25–34	ausreichend
18–24	mangelhaft

Geschmack:

35	sehr gut
31–34	gut
26–30	befriedigend
20–25	ausreichend
15–19	mangelhaft

Harmonie:

20	sehr gut
17–19	gut
13–16	befriedigend
09–12	ausreichend
05–08	mangelhaft

Punktevergabe für die Endnote:

105–115	sehr gut
95–104	gut
83–94	befriedigend
74–82	ausreichend
73–55	mangelhaft
54–40	ungenügend

Unser Endergebnis:

Produkte	Punkte/Note für Testkriterien				Güteklasse	Endergebnis
	Fehler	*Geruch*	*Geschmack*	*Harmonie*		
Füllhorn	15 sehr gut	42 gut	32 gut	17 gut	extra nativ	106 sehr gut
Mazola	15 sehr gut	38 befriedigend	30 befriedigend	17 gut	extra nativ	100 gut
Bertolli	15 sehr gut	39 befriedigend	30 befriedigend	15 befriedigend	extra nativ	99 gut
Toscano	15 sehr gut	39 befriedigend	27 befriedigend	15 befriedigend	extra nativ	96 gut
Il Palio	15 sehr gut	39 befriedigend	27 befriedigend	14 befriedigend	extra nativ	95 gut
La Capannina	5 befriedigend	32 ausreichend	25 ausreichend	8 mangelhaft	nativ	70 mangelhaft
Villa la Badia	5 befriedigend	28 ausreichend	22 ausreichend	11 ausreichend	nativ	66 mangelhaft
Fleur Real	5 befriedigend	25 ausreichend	17 ausreichend	9 ausreichend	nativ	56 mangelhaft
Apsara	0 mangelhaft	23 mangelhaft	17 ausreichend	7 mangelhaft	minderwertige Qualität	7 ungenügend

Fazit:

Da das Olivenöl von »**Füllhorn**« als einziges Produkt mit »**sehr gut**« abgeschnitten hat, ist es unser »**service:tr€nds**«-Testsieger.

Wie gesund sind Diätmargarinen?

Diätmargarinen sind wesentlich gesünder als herkömmliche Margarinen, denn Diätmargarinen aus dem Supermarkt dürfen laut Lebensmittelverordnung keine gehärteten Fette enthalten. Achten Sie deshalb beim Margarinekauf darauf, dass auf der Verpackung »nur ungehärtete Fette« steht. Diätmargarine aus dem Supermarkt mit ungehärteten Fetten ist außerdem wesentlich gesünder als Butter, da sie auch weniger gesättigte Fette und natürlich kein Cholesterin enthält. Ernährungsexperte Dr. Martin Lemperle aus Frankfurt empfiehlt daher von den Supermarktprodukten die Diätmargarine von »becel«.

Ganz neu auf dem Markt sind jetzt Omega-3- und Olivenölmargarinen. Omega-3-Margarine gibt es z. B. von »Vitaquell« im Reformhaus. Der Vorteil: Sie enthält viele gesunde Fette aus Raps- und Leinöl sowie Meeresalgen und gleicht so – laut Dr. Ulrich Strunz – den Omega-3-Mangel zusätzlich aus. Ebenfalls empfehlenswert: die Olivenölmargarine »Olima« von Eden (im Reformhaus erhältlich).

Welche Buttersorten gibt es?

Butter ist nicht gleich Butter, es gibt Sauerrahm-, Süßrahm- und mildgesäuerte Butter. Die Hauptunterschiede der einzelnen Sorten liegen in der Herstellung und im Geschmack. In puncto Gesundheit gibt es keine Unterschiede.

- **Sauerrahmbutter:** Sie wird aus gesäuerter Sahne hergestellt und dazu mit Sauermilchbakterien versehen. Dadurch hat die Butter einen herzhaften, etwas nussigen Geschmack.
- **Süßrahmbutter:** Die Süßrahmbutter reift dagegen ohne Bakterien und wird auch nicht gesäuert. Sie ist geschmacklich milder als die Sauerrahmbutter und schmeckt sahnig. Außerdem eignet sie sich – laut Sternekoch Michael Beck – hervorragend zum Kochen. Da sie nicht mit Hilfe von Bakterien hergestellt wird, gerinnt sie beim Erhitzen nicht so schnell.
- **mildgesäuerte Butter**: Fügt man der Süßrahmbutter bei der Herstellung noch Milchsäure oder Milchsäurebakterien zu, wird daraus die mildgesäuerte Butter. Sie ist ebenfalls milder als die Sauerrahmbutter, aber nicht ganz so sahnig wie die Süßrahmbutter.

Woran erkennt man gute Butter?

Eine gute Butter erkennen Sie mit einem Blick auf die Verpackung, denn dort sind die Güteklassen aufgedruckt.

Die hochwertigste Butter ist die **Deutsche Markenbutter**. Sie muss von der Deutschen Lebensmittelkontrolle bei regelmäßigen Tests mindestens vier von fünf

Streichfähigkeit, Wassergehalt, Bakteriologie von Butter – wir wollen es genau wissen.

Punkten der Qualitätskriterien Geruch, Geschmack, Textur und Aussehen erreichen.

Güteklasse zwei und damit weniger hochwertig ist die **Deutsche Molkereibutter**. In den oben beschriebenen Qualitätskriterien muss die Molkereibutter nur jeweils drei Punkte erreichen.

Steht nur **Butter** auf der Verpackung, hat dieses Produkt die geringste Qualität, denn bei den Qualitätsmerkmalen Geruch, Geschmack, Textur und Aussehen müssen höchstens zwei von fünf Punkten erreicht werden.

Fazit:

Am hochwertigsten ist die **Deutsche Markenbutter**.

Welche »Deutsche Markenbutter« am besten ist, hat »service:tr€nds« für Sie getestet.

Der »service:tr€nds«*-Butter-Test*

Den Buttertest hat für uns das Chemische Untersuchungslabor Dr. Budde in Darmstadt durchgeführt. Wir wollten wissen: Welche Butter ist die beste?

Unsere Testkandidaten:

Produkte	erhältlich z. B. bei	Preis/250 g
Südmilch Butterliesl	real	0,75 €
Weideglück Süßrahmbutter	Tengelmann, Plus, real	0,85 €
Erlenhof Süßrahmbutter	HL, miniMAL	0,99 €
Greenfields Butter aus Irland	real, Tengelmann	1,09 €
Landliebe Butter	Plus, Tengelmann, miniMAL, HL, real	1,09 €
Deutsche Markenbutter	HL, miniMAL, Penny	1,09 €
Kerrygold Original Irische Butter	Plus, Tengelmann, Penny, miniMAL, HL, real	1,19 €
Schwälbchen Frische Fassbutter	HL, miniMAL	1,29 €
Weihenstephan Frische Tafelbutter	Tengelmann, miniMAL, real	1,29 €

Unsere Testkriterien:

Test 1 – Sensorik: Eine gute Butter sollte keine Verfärbungen haben, frisch im Geschmack und Geruch sein und vor allem nicht alt oder ranzig schmecken und riechen. Tut sie das nicht, kann das auf eine unsachgemäße Herstellung oder Lagerung der Butter hindeuten.

Test 2 – Streichfähigkeit: Hier wurde getestet, wie gut sich die Butter fünf Minuten, nachdem sie aus dem Kühlschrank genommen wurde, auftragen und verstreichen lässt.

Test 3 – Wassergehalt: Gesetzlich vorgeschrieben ist: Butter darf nicht mehr als 16 % Wasser enthalten, sonst darf sie sich nicht Butter nennen.

Test 4 – Bakteriologie: Hier untersuchen die Experten, wie viele Milchsäure-, Coliforme-, Hefe- und Schimmelbakterien in der Butter sind. Sind außer Milchsäurebakterien weitere Bakterien enthalten, kann das auf eine unhygienische Verarbeitung hinweisen.

So haben wir bewertet:

Punkteschema für Endnote: Für die Endnote werden die Punkte aus den Zwischenergebnissen zusammengezählt:

<7	sehr gut
7–8,9	gut
9–10,9	befriedigend
>11	ausreichend

Unser Endergebnis:

Produkte	Punkte für Testkriterien				Endnote
	Sensorik	*Streichfähigkeit*	*Wassergehalt*	*Bakteriologie*	
Erlenhof	1,5	2	2	1	6,5/sehr gut
Landliebe	1,5	2	2	1	6,5/sehr gut
Schwälbchen	1,5	2	2	1	6,5/sehr gut
Weideglück	1,5	2	2	2	7,5/gut
Weihenstephan	1,5	2,5	3	1	8,0/gut
Deutsche Markenbutter	1	4	2	1	8,0/gut
Südmilch	1,5	3	3	1	8,5/gut
Kerrygold	2	1	2	4	9,0/befriedigend
Greenfields	3,5	2,5	2	2	10,0/befriedigend

Fazit:

Da die Butter von **»Erlenhof«** mit 0,99 € von den mit **»sehr gut«** getesteten Produkten am günstigsten ist, ist sie unser **»service:trends«**-Testsieger.

Welche Fette machen fit?

Gesunde ungesättigte Fette, die fit machen, stecken in Pflanzenölen wie Oliven-, Lein- und Rapsöl, in Fisch (vor allem in Kaltwasserfischen wie Thunfisch, Hering, Lachs und Makrelen) und in Nüssen (vor allem in Walnüssen). Fette, die in diesen Lebensmitteln enthalten sind, machen aktiv und dynamisch und werden darum auch als »Fit- oder Funktionsfett« bezeichnet. Der Grund: Die ungesättigten Fettsäuren, die vor allem in Pflanzenölen, Nüssen und Fisch vorkommen, übernehmen im Körper wichtige Funktionen.

Aus diesen Fetten werden nämlich zusätzliche Nervenstrukturen aufgebaut, die das Denken, Sehen und Fühlen verbessern und den Geist damit fitter machen. Außerdem sind die so genannten »Fit-Fette« natürliche Appetithemmer, weil mit ihnen die Ausschüttung des Appetithormons Leptin gehemmt und so das Hungergefühl gebremst wird.

Welchen Krankheiten kann man mit gesundem Fett vorbeugen?

Welchen Krankheiten Sie mit gesunden Fetten vorbeugen können, hat Fitnesspapst Dr. Ulrich Strunz für Sie zusammengestellt.

- **Hoher Cholesterinspiegel:** Wenn Sie den Cholesterinspiegel senken möchten, sollten Sie möglichst viel einfach ungesättigte Fette essen und so viel gesättigte Fette wie möglich weglassen. Also: Wenig Butter, Käse, Wurst, Sahnesoßen und fette Milchprodukte essen. Dann purzeln nicht nur die Pfunde, Sie schützen Ihren Körper gleichzeitig vor Herzinfarkt, Schlaganfall und Diabetes. Am besten Olivenöl benutzen, denn das kann das schlechte Cholesterin (LDL) senken.
- **Rheuma:** Das in Fleisch enthaltene so genannte »AA-Fett« ist ein Baustoff für entzündungsfördernde Botenstoffe. Mit Hilfe dieser Botenstoffe werden entzündungsfördernde Gewebehormone produziert, die Rheuma fördern. Wer dagegen viel Omega-3-Fette aus Fisch isst und außerdem Oliven-, Raps- oder Leinöl verwendet, kann rheumatische Entzündungen und Schmerzen deutlich senken. Übrigens: Je fetter der Kaltwasserfisch ist, desto besser.
- **Arterienverkalkung:** Die »Fit-Fette« (ungesättigte Fette) z. B. im Olivenöl und Omega-3-Fette aus Fisch beugen Arterienverkalkung vor, weil sie unser Blut fließfähiger und weniger klebrig machen. Dadurch wird weniger Fett in den Adern abgelagert und das Blut kann prima zirkulieren.
- **Herzinfarkt/Schlaganfall:** Je weniger Fett sich in den Adern abgelagert hat, desto geringer ist auch das Herzinfarkt- und Schlaganfallrisiko. Wer regelmäßig ungesättigte Fette, also z. B. Olivenöl isst, kann das Herzinfarktrisiko um

Fitnesspapst und Arzt Dr. Ulrich Strunz weiß, wie man mit gesunden Fetten Krankheiten vorbeugt.

Gesundheitstipp von Sven-David Müller

Um erhöhte Blutfettwerte zu senken ist es erforderlich, reichlich wasserlösliche Ballaststoffe, die insbesondere in Plantago ovata Samenschalen vorkommen, aufzunehmen. Diese entfernen über den Darm reichlich Cholesterin aus dem Körper. Wer regelmäßig Sojaprodukte isst, senkt den Cholesterinspiegel um bis zu 5 %. Das ideale Streichfett für Menschen mit erhöhten Blutfetten ist eine Diäthalbfettmargarine mit Phytosterinen (z. B. Becel pro aktiv). Damit diese wirken kann, ist aber eine Menge von 20 g täglich erforderlich.

mehr als 20 % senken. Mit Omega-3-Fetten aus Fisch sinkt das Risiko gleich um 50 %.

- **Diabetes:** Die harten ungesunden Transfette machen die Zellmembranen undurchlässig. Dadurch kommt das Zuckerwegpackhormon Insulin schlechter durch. Wer z. B. täglich nur 2 % Transfette zu viel isst, z. B. aus einer täglichen Portion Pommes Frites, erhöht sein Diabetesrisiko um 36 %. Die Omega-3-Fette machen dagegen die Zellmembranen für Insulin durchlässiger, dadurch sinkt das Diabetesrisiko. Vor allem Diabetiker sollten deshalb viel Fisch essen und viel Leinöl benutzen, denn Leinöl enthält von allen Ölen am meisten Omega-3-Fettsäuren. Essen Sie viel Fisch und verwenden Sie Leinöl auf Gemüse und im Salat.

In welchen Lebensmitteln stecken ungesunde »Killer-Fette«?

Als Killerfette werden die so genannten ungesunden Transfette bezeichnet. Sie entstehen bei der Erhitzung von pflanzlichen Ölen, also z. B. bei der Herstellung von gehärteten Fetten für Fertigprodukte, aber auch beim Braten oder Frittieren mit Öl. Transfette führen zu erhöhten Blutfettwerten, fördern Herz-Kreislauf-Erkrankungen und Diabetes. Transfette stehen allerdings als Inhaltsstoff nicht auf der Verpackung. Laut Dr. Ulrich Strunz kann man aber davon ausgehen, dass in allen Produkten, in denen gehärtete Fette enthalten sind, auch Transfette versteckt sind. Dr. Ulrich Strunz rät deshalb: Finger weg von folgenden Nahrungsmitteln:

Produkte	Durchschnittsgehalt der Transfette im Fettanteil der Produkte*
Salatcroutons	42 %
Cracker	40 %
Pommes Frites	38 %
Fertig- und Bratensoßen	33 %
Donuts	30 %
Kuchenmischungen	30 %
Panierte Hühnerbrüste	27 %
Croissants	18 %
Schokoaufstrich (z. B. Nutella)	6 %

* Quelle: »Fit mit Fett«, Dr. Ulrich Strunz und Andreas Jopp, Heyne Verlag

Wie können Sie im Alltag ungesunde Fette einsparen?

Fitnesspapst Dr. Ulrich Strunz hat eine Checkliste für Sie zusammengestellt, wie Sie ungesunde gesättigte Fettsäuren im Alltag vermeiden können.

- Schneiden Sie Fettränder an Fleisch und Schinken ab. Der Grund: sie tragen kaum zum Geschmack bei und enthalten jede Menge dickmachende gesättigte Fette.
- Essen Sie fettarme Wurstsorten, wie rohen Schinken und Putenbrust, sie enthalten nur 1–3 % Fett.
- Finger weg von fertigen Sahnesoßen und Dressings, denn sie enthalten oft sehr viel gesättigte und gehärtete Fette.
- Curry- und Tomatensoße zu Nudeln, Salat oder Kartoffeln können dickmachende Sahnesoßen ersetzen.
- Verwenden Sie keine Milchprodukte mit einem Fettanteil von über 1,5 %. Auch so sparen Sie gesättigte Fette ein.
- Essen Sie beim Geflügel nicht die Haut mit. Der Grund: Darin sind große Mengen gesättigter Fette enthalten.

KÜCHENPRAXIS

Welches Fett sollte man zum Braten, Kochen und Co. benutzen?

Welche Fette und Öle Sie am besten zum Backen oder Kochen verwenden, hat Studiogast und Sternekoch Michael Beck für Sie zusammengestellt.

- **Braten:** Zum Braten eignen sich nur Fette, die den hohen Temperaturen in der Pfanne standhalten, ohne dass sie oxidieren und braun werden. Margarinen sind zwar geeignet, aber nicht gesund, da sie viele gehärtete Fette und Transfette enthalten. Öl, z. B. Oliven- und Rapsöl, ist dagegen viel gesünder und eignet sich prima, um Fleisch und Fisch anzubraten. **Tipp:** Wer auch hier Fett einsparen will, sollte Fleisch und Fisch vor dem Braten lediglich mit Öl einpinseln und in einer Teflonpfanne zubereiten, anstatt Öl in die Pfanne zu gießen. Für Bratkartoffeln und Eier gilt: Wer hier eine Teflonpfanne benutzt, kann auf Öl komplett verzichten. Wenn es denn doch Margarine sein muss, gibt es jetzt flüssige Bratmargarine aus der Tube. Diese Produkte enthalten ähnlich geringe Mengen gehärteter Fette wie Diätmargarinen und sind deshalb empfehlenswert.
- **Kochen und Dünsten:** Auch hier rät Sternekoch Michael Beck nicht zu Margarine, sondern zu Butter und Öl. Bei einigen Soßen (z. B. Sauce Hollandaise) lässt sich auf das Butteraroma einfach nicht verzichten. Beim Andünsten von Gemüse, Zwiebeln und Knoblauch kann man allerdings auf den Dickmacher Butter verzichten –

Michael Beck kocht selbst am liebsten mit Olivenöl.

Olivenöl ist hier wesentlich gesünder und verleiht dem Essen einen angenehmen Geschmack.

Tipp: Grundsätzlich aber rät unser Studiogast: beim Kochen so wenig Fett – also auch so wenig Öl – wie möglich zu verwenden. In der Regel genügt ein Schuss Öl. Gemüse und Zwiebeln sollten beim Dünsten nicht im Fett schwimmen. Am besten eignet sich eine mit Teflon beschichtete Pfanne, so benötigen Sie am wenigsten Fett.

- **Backen:** Zum Backen sollten Sie ausschließlich Butter verwenden, denn Butter wird durch das Schlagen mit dem Rührgerät nicht nur schaumiger und lockerer als Margarine – der Teig wird mit Butter zudem lockerer und schmeckt besser.

Tipp: Wer allerdings auf die gesättigten ungesunden Fette in der Butter verzichten möchte, kann seinen Kuchen auch mit Pflanzenöl backen. Statt 250 g Butter verwenden Sie einfach 200 g Öl (am besten geschmacksneutrales Sonnenblumenöl) und 50 ml Wasser. Damit der Kuchenteig locker wird, einfach eine Messerspitze Backpulver mehr benutzen, als im Rezept angegeben ist.

- **Salate:** Je nach Salatsorte empfiehlt unser Sternekoch Michael Beck unterschiedliche Ölsorten. Besonders gesund und für jeden Sommersalat (wie z. B. Kopf- oder Eisbergsalat) prima geeignet sind Raps- und Olivenöl. Relativ geschmacksneutral und daher auch für alle Salatsorten und Dressings geeignet ist Traubenkernöl. Für kräftige Wintersalate, wie Radicchio, Feldsalat, Chicoree oder krausen Endiviensalat, eignet sich am besten kräftiges Walnussöl.
- **Frittieren:** Frittieren sollte man nur mit speziellem Frittierfett. Das muss besonders hitzebeständig sein und darf kein Wasser enthalten, denn das Wasser würde beim Erhitzen anfangen zu kochen und dadurch gefährlich spritzen. Zum Frittieren geeignet ist Palmfett, z. B. Palmin. Das ist ein Pflanzenfett, das zum Teil gehärtet wurde, damit es so stark erhitzt werden kann.

Exklusiv-Rezepte von Sternekoch Michael Beck

Gewürzöle

Chiliöl

Dieses Öl eignet sich vor allem zum Dünsten und Würzen von asiatischen Gemüsegerichten, zum Würzen von Chili con carne, für Grillmarinaden und Pasta (z. B. Aglio e olio).

Zutaten:

6 rote Chilischoten

300 ml Erdnuss- oder Sojaöl

Zubereitung:

Chilischoten (6 Stück) waschen und abtrocknen. Danach die Schoten entstielen, längs halbieren, entkernen und in 1 cm lange Stücke schneiden. Das Öl (300 ml Erdnuss- oder Sojaöl) in einem Topf einige Minuten schwach erhitzen (es darf keinesfalls zu heiß werden und beginnen zu rauchen). Dann die Chilischoten dazugeben und bei ausgeschalteter Herdplatte so lange ziehen lassen, bis das Öl abgekühlt ist. Das Öl dann zusammen mit den Chilistreifen in eine Flasche füllen.

Tipp: Die Chilistreifen können im Öl bleiben und zerkleinert später auch mitgegessen werden. Wem das zu scharf ist, kann die Chilischoten beim Umfüllen auch einfach absieben.

Steinpilzöl

Dieses Pilzöl schmeckt hervorragend zu Eichblatt- und Rucolasalat und eignet sich zum Verfeinern von Kartoffelgratin und zum Würzen von Risotto und Pilzsoßen.

Zutaten:

25 g getrocknete Steinpilze

300 ml Maiskeimöl

Zubereitung:

Pilze (25 g) in ein Glas mit weitem Hals füllen. Das Maiskeimöl (300 ml) dazugießen und das Glas dann verschließen. Bei Zimmertemperatur drei Wochen ziehen lassen, damit das Öl das Pilzaroma annehmen kann. Danach alles durch ein Filterpapier sieben, damit die Pilze abgefangen werden. Zum Schluss das fertige Öl in eine Flasche füllen.

Dressings (jeweils für 4 Personen)

Apfel-Vinaigrette

Dieses Dressing passt besonders gut zu allen Blattsalaten, Gurken, Radieschen, Champignons, Möhren, Kohlrabi und Sellerie.

Zutaten:

3 EL Apfelessig

1 TL Apfelkrautsirup (erhältlich in jedem Supermarkt)

1 EL Zitronensaft

5 EL kaltgepresstes Rapsöl

1 kleiner säuerlicher Apfel

Salz und Pfeffer nach Geschmack

Zubereitung:

Den Apfelessig (3 EL) mit dem Apfelkrautsirup (1 TL), Zitronensaft (1 EL) und etwas Salz und Pfeffer gut verquirlen, am besten mit einem flachen Schneebesen. Danach den Apfel vierteln, schälen und entkernen und dann entweder in sehr kleine Würfel schneiden oder raspeln. Den Apfel danach unbedingt sofort unter das Dressing rühren, damit er nicht braun wird. Fertig!

Roquefort-Vinaigrette

Dazu schmeckt das Dressing besonders gut: Chicorée, Radicchio, Endivien, Frisée, Romana, Tomaten, Zucchini, Kohlrabi und Möhren.

Zutaten:

50 g Roquefort (ohne Rinde)

2 EL Rotweinessig

2 TL Aceto Balsamicoessig

4 EL Walnussöl

4 Walnusskerne

Salz und Pfeffer nach Geschmack

Zubereitung:

Den Roquefort (50 g) mit einer Gabel gründlich zerdrücken. Rotweinessig (2 EL) und Balsamicoessig (2 TL) dazugeben, mit dem Schneebesen cremig aufschlagen. Dann mit Salz und Pfeffer abschmecken. Jetzt das Walnussöl (4 EL) nach und nach dazugeben und gründlich mit dem Rest verquirlen. Zum Schluss die Walnüsse hacken und zur Vinaigrette geben.

EIS GELECKT –

Welche Bällchen sind der Knaller?

Wie gesund ist Eis?

Ob Frucht- oder Creme-Eis: 4–5 Kugeln pro Woche sind – so Ernährungsexpertin Birgit Junghans – für Normalgewichtige völlig unbedenklich. Wer allerdings auf seine Linie achten möchte, sollte auf fettige Sorten wie Rahmeis oder Eis mit Nüssen und Schokolade besser verzichten und zu fettärmeren Varianten, wie z. B. Milch- oder Fruchteis, greifen.

Was in welcher Eissorte genau steckt, hat Ernährungswissenschaftlerin Birgit Junghans für Sie zusammengestellt.

Frucht-Eis

Diese Sorte wird hauptsächlich aus Wasser, Früchten und Zucker hergestellt. Dabei muss der Fruchtanteil bei mindestens 20 % liegen. Je nach Sorte stecken im Eis sogar noch ein paar Vitamine und Mineralstoffe. In Zitrussorten ist z. B. Vitamin C enthalten. Allerdings: Je greller und leuchtender die Farben, desto mehr künstliche Farbstoffe sind auch enthalten. Bei empfindlichen Menschen kann das allergieähnliche Reaktionen auslösen. Da bei Fruchteis keine Milch verwendet wird, ist auch kein Kalzium enthalten, allerdings auch null Fett.

Vorteil: Frucht-Eis ist kalorienarm und enthält immerhin einige Vitamine und Mineralstoffe, die für den Körper lebensnotwendig sind.

Nachteil: Es kann viele künstliche Aromastoffe enthalten, die allergieähnliche Reaktionen auslösen können. Frucht-Eis schmeckt nicht so cremig wie Eis mit einem hohen Fettgehalt und enthält kein Kalzium.

Vanilleeis – ein Klassiker, dem man nur schwer widerstehen kann!

Prinzipiell gilt: Fertige Mischungen aus dem Supermarkt sind Eissorten mit der Bezeichnung Creme- oder Rahm-Eis und haben einen Milchfettanteil von über 10 %. Der absolute Fettgehalt eines Eises entspricht in der Regel dem Milchfettanteil. Das heißt: Enthält ein Eis 10 % Milchfett, beträgt der absolute Fettanteil auch 10 %. Einzige Ausnahme: Nuss-, Schokoladen- und Rahm-Eis (Sahne-Eis), denn Nüsse, Schokolade und Sahne enthalten zusätzlich Fett.

Kunstspeise-Eis

Diese Eissorte hat nichts mit einer besonderen Kunst des Eisherstellens zu tun, ganz im Gegenteil: Es hat seinen Namen daher, weil viele künstliche Farb- und Aromastoffe enthalten sind und in der Regel auch sehr viel Zucker. Kunstspeiseeis muss vom Hersteller und in Eisdielen gekennzeichnet sein. Typische Sorten sind z. B. das knallblaue »Pumuckl-Eis« oder das leuchtend pinkfarbene »Kaugummi-Eis«. Bei der Herstellung von Kunstspeise-Eis ist weder Milch- noch Fruchtanteil vorgeschrieben. Es kann also sein, dass in einem Orangen-Eis kein einziges Stückchen dieser Frucht steckt oder dass der Milchanteil sehr gering ist. Allerdings hat dieses Eis kein bis wenig Fett und damit auch nur wenig Kalorien.
Vorteil: Es enthält häufig wenig Fett, da bei der Herstellung nur wenig Milch verwendet wird. Durch die künstlichen Aromastoffe schmeckt das Eis sehr intensiv nach Frucht, besonders Kinder lieben diesen Geschmack.
Nachteil: Die Farb- und Aromastoffe können Allergien auslösen, und es sind oft nur wenige Vitamine und Mineralstoffe enthalten. Kunstspeiseeis enthält in der Regel sehr viel Zucker, das kann dick machen und Karies verursachen.

Milchspeise-Eis

Hier steckt jede Menge Milch drin, nämlich mindestens 70 %. Das ist gesund, denn Milch enthält viel Kalzium, und das stärkt Knochen und Fingernägel. Außerdem: Milchspeise-Eis enthält nur 8 % Fett. Das gibt dem Eis jedoch auch eine recht feste Konsistenz, die nicht immer unbedingt als angenehm auf der Zunge empfunden wird. Außerdem sind in Milchspeise-Eis so gut wie keine künstlichen Aromen enthalten, die eventuell allergieähnliche Reaktionen auslösen könnten.
Vorteil: Niedriger Fettgehalt, nämlich nur 8 % und kaum künstliche Aromen.
Nachteil: Milchspeiseeis ist durch seinen geringen Fettgehalt nicht so schön cremig.

Eiscreme

Eiscreme hat einen etwas höheren Fettanteil von ca. 10 %, und das macht das Eis schön cremig und weich. Die Geschmacksrichtungen gehen von Schokolade über Nusssorten bis hin zu Fruchtvarianten.
Vorteil: Eiscreme ist durch ihren Milchfettanteil von 10 % angenehm cremig. Sie enthält häufig wenig künstlichen Farbstoff, das vermeidet bei empfindlichen Menschen allergische Reaktionen.
Nachteil: Hier stecken immerhin 10 % Fett drin. Diätwillige sollten dieses Eis deshalb nur in Maßen genießen, denn zu viel Fett macht dick.

Welches Eis aus dem Supermarkt ist das beste?

Die Eistorte – ein Genuss, dem Ernährungswissenschaftlerin Birgit Junghans sicherlich kritischer gegenüber steht als Sternekoch Beck.

Rahm-Eis

Rahm-Eis wird auch oft als Sahne-Eis bezeichnet und ist im Supermarkt vor allem in der Geschmacksrichtung Vanille zu finden. Dieses Eis ist sehr kalorienreich, denn es besteht aus 60 % Sahne und damit auch aus satten 17 % Fett. Das macht das Eis allerdings besonders cremig auf der Zunge, und es enthält durch seinen hohen Sahneanteil auch recht viel Kalzium. Das festigt Knochen und Fingernägel.

Außerdem stecken in dieser Sorte so gut wie keine künstlichen Farbstoffe, deshalb ist dieses Eis besonders gut für empfindliche Menschen geeignet, die leicht zu allergieähnlichen Reaktionen neigen.

Vorteil: Rahm-Eis ist die cremigste Sorte. Es enthält Kalzium, das stärkt die Knochen und Fingernägel. Es sind kaum künstliche Farbstoffe enthalten, deshalb ist dieses Eis vor allem für empfindliche Menschen geeignet, die zu allergieähnlichen Reaktionen neigen.

Nachteil: Mit 17 % Fett ist Rahm-Eis ein echter Dickmacher.

Welches Eis hat die wenigsten Kalorien?

Eis hat nicht so viele Kalorien, wie viele vermuten. Eine Kugel Vanille-

Der Eis-Tipp von Prof. Hademar Bankhofer

Unsere Großmütter haben uns oft ermahnt: Iss nicht so viel Eis! Du bekommst sonst einen kalten Magen. Das ist absolut falsch: Sobald das Speiseeis nämlich durch die Speiseröhre in Richtung Magen wandert, hat es bereits Körpertemperatur angenommen und gelangt als ganz normaler Speisebrei in den Magen. Ein Problem allerdings gibt es: Eis hat meistens viele Kalorien. Aber auch da gibt es eine gute Lösung. Genießen Sie eine Portion Eis nicht nach, sondern anstelle einer Mahlzeit. Die restlichen Mahlzeiten des Tages sollten dann natürlich umso gesünder ausfallen.

Kalorientabelle Eispackungen:

Produkte	Kalorien/100 g	Fett/100 g
Vanille-Eiscreme	160	10 %
Vanille-Milchspeise-Eis	127	8 %
Vanille-Rahm-Eis	220	17 %
Frucht-Eis (auf Wasserbasis)	127	0 %
Frucht-Soft-Eis	100	3 %
Vanille-Soft-Eis	140	4 %
Erdbeer-Eiscreme	112	3,9 %
Schokoladen-Eiscreme	120	6,2 %
Walnuss-Eiscreme	141	8,1 %
Langnese I Cestelli (Schoko-Vanille)	165	10,0 %
Königsrolle	106	4,7 %
Vienetta Schokolade	156	9,6 %
Langnese Cremissimo Zitrone-Bottermelk	96	5,4 %

Kalorientabelle Eis am Stiel:

Produkte (von Langnese)	Kalorien/Stück	Fett/Stück
Calippo Orange	100	0 %
Cornetto Erdbeere	190	8 %
Cornetto Royal Schoko Walnuss	335	20 %
Magnum Classic	290	19 %
Magnum Doubel	390	25 %
Domino	135	8 %
Capri	55	0 %
Solero Exotic	120	4 %

eiscreme hat z. B. ca. 50 kcal. Wer beim Eisessen dennoch auf seine Linie achten möchte, sollte am besten zu Frucht-Eis greifen, denn diese Sorte enthält null Fett und damit wenig Kalorien.

Wie viel Kalorien die einzelnen Eissorten haben, hängt vom Hersteller ab. So ist zum Beispiel der Zucker- oder Fettgehalt sehr unterschiedlich. Grundsätzlich gilt: Je höher der Milchfettanteil, desto kalorienreicher das Eis. Die meisten Kalorien hat Rahmeis, es besteht aus ca. 60 % Schlagsahne.

Wahre Kalorienbomben können auch alle Eissorten mit Schokolade sein, da darin Kakaobutter enthalten ist, die mit 99,5 % einen sehr hohen Fettanteil hat. Je höher der Schokoladenanteil, desto höher also auch die Kalorienanzahl. Sehr kalorienreich sind auch alle Eissorten mit Nussstücken.

Studiogast und Ernährungsexpertin Birgit Junghans hat in der obigen Tabelle die wichtigsten Eissorten und ihre Kalorien für Sie aufgelistet.

Worauf sollten Sie beim Eiskauf achten?

Werfen Sie zunächst immer einen Blick auf das Mindesthaltbarkeitsdatum. Das Eis sollte noch mindestens 2–3 Wochen haltbar sein. Finger weg von Eis mit abgelaufenem Haltbarkeitsdatum. Denn das ist oft eine wahre Keimbombe, die schlimme Magen-Darmprobleme verursachen kann.

Achten Sie darauf, dass das Eis im Supermarkt ausreichend gekühlt ist. Ist das nicht der Fall, bilden sich in der Eismasse Kristalle, und das Eis schmeckt dann nicht mehr cremig. Außerdem können sich durch das Antauen Bakterien bilden, die zu Magen- und Darmproblemen führen können.

Tipp: Machen Sie deshalb vor dem Kauf die Fingerprobe. Drücken Sie mit beiden Fingerspitzen auf den Deckel. Knistert es, haben sich bereits Kristalle gebildet. Dann besser zu einer anderen Verpackung greifen.

Nehmen Sie im Sommer bei Außentemperaturen über 20 °C zum Einkaufen immer eine Kühltasche und entsprechende Kühlelemente mit. Darin bleibt das Eis ca. 20 Minuten gefroren und taut nicht an.

Empfindliche Menschen, die zu allergieähnlichen Reaktionen neigen, sollten – so Ernährungsexpertin Birgit Junghans – unbedingt einen Blick auf die Inhaltsstoffe werfen. Naturidentische Aromastoffe und Farb- und Konservierungsstoffe (so genannte E-Stoffe) sollten am besten gar nicht enthalten sein. Denn empfindliche Menschen können auf diese Inhaltsstoffe mit allergischen Reaktionen, wie z. B. Hautrötungen, reagieren.

Der »service:tr€nds«-Vanilleeis-Test

Wir wollen wissen: Welches Vanilleeis aus dem Supermarkt ist das beste? Getestet hat für uns das Institut für Umweltanalytik in Bad Nauheim.

Unsere Testkandidaten:

Produkte	erhältlich z. B. bei	Gewicht/ Menge	Preis	Preis/ 1000 ml
Rios Eiskrem Premium Vanillem	Penny	2.500 ml	1,99 €	0,80 €
Romanza Vanille Eis mit Bourbon Vanille	Plus	2.500 ml	1,99 €	0,80 €
Botterbloom Vanilleeis	Tengelmann	1.000 ml	0,99 €	0,99 €
Langnese Cremissimo, Bourbon Vanille	Tengelmann, real, HL, Penny	1.000 ml	2,99 €	2,99 €
Schöller MANHATTAN Vanilla	real, Tengelmann	1.000 ml	2,29 €	2,29 €
Mövenpick Creme Vanilla	Tengelmann, real, HL	1.000 ml	3,19 €	3,19 €
Landliebe sahniges Vanille-Eis	Tengelmann, real	750 ml	2,29 €	3,05 €
Salto Eiscreme Bourbon Vanille	HL	1.000 ml	0,99 €	0,99 €

Unsere Testkriterien:

Test 1 – Aussehen: Ein gutes Vanilleeis sollte eine natürliche gelbe gleichmäßige Farbe haben und nicht künstlich aussehen, denn dann sind dem Eis zu viele Farbstoffe zugesetzt worden. Diese Farbstoffe können bei empfindlichen Menschen Allergien auslösen.

Test 2 – Konsistenz: Ein gutes Vanilleeis muss cremig sein. Außerdem dürfen keine Kristalle enthalten sein, denn das deutet auf Fehler bei der Herstellung oder Lagerung hin.
Test 3 – Geschmack und Geruch: Ganz wichtig: Ein hochwertiges Vanilleeis sollte weder zu süß noch überaromatisiert schmecken. Dann wurde nämlich bei der Herstellung zu viel Zucker und zu viel künstliches Aroma verwendet.
Test 4 – Mikrobiologie: Wichtig: Vanilleeis sollte keine coliformen Keime enthalten, denn sie können unangenehme Magen- und Darmprobleme verursachen. Zu viele Keime sind ein Hinweis auf eine unsaubere Herstellung.

So haben wir bewertet:

Geschmack und Geruch (Punkte/Note)	30–28/1	27–26/2	25–23/3	22–20/4	< 20/5
Konsistenz (Punkte/Note)	15–14/1	13–12/2	11–10/3	9–8/4	< 8/5
Aussehen (Punkte/Note)	15–14/1	13–12/2	11–10/3	9–8/4	< 8/5
Mikrobiologie (Punkte/Note)	40–38/1	37–35/2	34–32/3	31–29/4	< 29/5
Gesamtpunktezahl (Endnote)	**100–95/1**	**94–86/2**	**85–76/3**	**75–66/4**	**< 66/5**

Unser Endergebnis:

Produkte	Geschmack und Geruch		Konsistenz		Aussehen		Mikrobiologie		End-punkte/-note	
	Punkte	*Note*	*Punkte*	*Note*	*Punkte*	*Note*	*Punkte*	*Note*	*Punkte*	*Note*
Salto Eiscreme Bourbon Vanille	30	1	15	1	15	1	40	1	100	1
Schöller MANHATTAN Vanilla	30	1	15	1	14	1	40	1	99	1
Rios Eiskrem Premium Vanille	30	1	15	1	12	2	40	1	97	1
Mövenpick Crème Vanilla	26	2	15	1	15	1	40	1	96	1
Botterbloom Vanilleeis	26	2	15	1	14	1	40	1	95	1
Landliebe sahniges Vanille-Eis	24	3	15	1	15	1	40	1	94	2
Langnese Cremissimo, Bourbon Vanille	24	3	15	1	15	1	40	1	94	2
Romanza Vanille Eis mit Bourbon Vanille	24	3	15	1	12	2	40	1	91	2

Fazit:

Am besten mit der Note **»sehr gut«** haben das Vanilleeis von »Salto«, »Schöller«, »Rios«, »Mövenpick« und »Botterbloom« abgeschnitten. Da **»Rios«** von **Penny** mit 0,80 € pro 1.000 ml am günstigsten ist, ist es unser **»service:tr€nds«**-Testsieger.

Leckere Eis-Rezepte von Michael Beck – ganz einfach ohne Eismaschine.

Wie lagert man Eis am besten?

Nach dem Kauf das Eis sofort in die Tiefkühltruhe stecken! Bei –15 bis –18 °C bleibt es ca. 4 Wochen frisch. Eine solche Kühlleistung bringen Eisfächer erst mit mindestens vier Sternen. Achtung! Ist das Eisfach bereits bis an den Rand gefüllt, verringert sich die Haltbarkeit um ca. eine Woche. Wird das Eis innerhalb weniger Tage gegessen, können Sie es auch getrost bei einer geringeren Temperatur von –6 bis –8 °C lagern, also auch in einem Zwei- oder Drei-Sterne-Kühlfach.

Wie lange darf angebrochenes Eis gelagert werden?

Wird das angebrochene Eis nach dem Portionieren wieder ins Kühlfach gestellt, hält es sich in einem 4-Sterne-Kühlfach noch ca. 4 Wochen, in einem 2- oder 3-Sterne-Kühlfach dagegen nur ca. 2 Wochen. Da im Sommer bei hohen Außentemperaturen das Eis außerhalb der Kühltruhe beim Portionieren schneller antaut, empfiehlt Studiogast Michael Beck, das angebrochene Eis innerhalb einer Woche aufzuessen. Denn durch das ständige Antauen leiden nicht nur Aroma und Geschmack, es vermehren sich auch Keime, die Magen- und Darmerkrankungen verursachen können.

Tipp: Dass angebrochenes Eis nicht mehr genießbar ist, erkennen Sie daran, dass sich klebrige dunkle Ränder und Eiskristalle gebildet haben. Das passiert vor allem dann, wenn das Eis mehrfach aufgetaut und wieder eingefroren wurde, das Haltbarkeitsdatum überschritten oder das Eis nicht kühl genug gelagert wurde. **Übrigens:** Ist das Eis direkt nach dem Einkauf schon sichtbar verändert, so können Sie es dem Supermarkthändler zurückbringen und eine neue Packung oder Ihr Geld zurückverlangen.

Wie gut ist Eis aus italienischen Eisdielen?

»service:tr€nds« hat einen Lebensmittelkontrolleur des Umweltministeriums in Wiesbaden auf seiner Prüftour in Frankfurt begleitet. Unter die Lupe hat er fünf italienische Eisdielen genommen.

Wir wollten wissen: Wie steht es mit der Hygiene in den Eisdielen und ist das Eis, das verkauft wird, auch keimfrei? Denn wenn das Eis nicht ausreichend gekühlt ist, können sich Bakterien bilden, die Magen- und Darmbeschwerden auslösen.

Die Hygiene nimmt der Kontrolleur als erstes in Augenschein. Auf den ersten Blick schienen alle Eisdielen sauber und hygienisch einwandfrei zu sein. Es waren lediglich kleinere Mängel zu finden, die aber keinen Einfluss auf die Qualität und Hygiene des Eises nehmen müssen. Doch ob sich im Eis Keime gebildet haben, kann man natürlich nicht mit bloßem Auge erkennen, darum werden in den Eisdielen Proben genommen, die im staatlichen Untersuchungslabor in Wiesbaden z. B. auf coliforme Keime und Salmonellen untersucht werden. Die Ergebnisse der Lebensmittelprüfer im letzten Jahr: Von mehr als 1.300 geprüften Eisdielen waren immerhin 25 % nicht in Ordnung, weil die Höchstgrenzen für Keime und Bakterien im Eis überschritten waren. So auch bei unserem Test: vier der geprüften Eisdielen waren einwandfrei. Doch in einer Probe war die zulässige Gesamtkeimzahl für Eis überschritten.

Fazit:

Im Großen und Ganzen geht es in italienischen Eisdielen also hygienisch zu, bei jeder vierten Eisdiele heißt es jedoch aufgepasst. Eisdielen, in denen die Prüfer eine deutlich erhöhte Keimzahl und gesundheitsgefährdende Bakterien finden, müssen übrigens mit einer Geldstrafe und in Zukunft mit verstärkten Kontrollen rechnen.

Wie kann man Eis selber machen?

Eis selbst machen ist kinderleicht und in vielen Fällen sogar günstiger und besser als Eis aus dem Supermarkt. Der Phantasie sind hier keine Grenzen gesetzt. Milchspeise-Eis, Soft-Eis oder Sorbet bereiten Sie am besten in einer Eismaschine zu. Solche Geräte erhalten Sie in den meisten Haushaltswarengeschäften, z. B. von den Firmen Krupps oder Philips, ab ca. 50 €.

Tipp: Besonders praktisch sind Eismaschinen, bei denen sich die Kühlvorrichtung herausnehmen und separat im Gefrierfach kalt stellen lässt. Das spart Platz in der Truhe, denn Sie müssen nicht die gesamte Maschine ins Tiefkühlfach stellen.

Studiogast Michael Beck hat einige Eisrezepte, die Sie mit und ohne Eismaschine herstellen können, für Sie zusammengestellt.

Exklusiv-Rezepte von Sternekoch Michael Beck

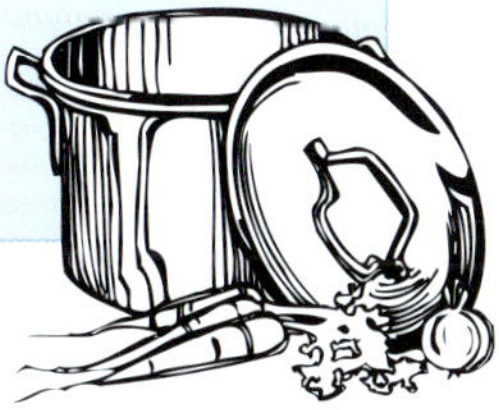

Walnuss-Parfait

Zutaten:

2 Eigelb

1 Ei

50 g Zucker

½ Vanilleschote

200 ml Sahne

50 g gehackte Walnüsse

Zubereitung:

Das Eigelb (2 Eigelbe) zusammen mit dem ganzen Ei (1 Ei) und dem Zucker (50 g) in eine Schüssel geben und mit einem Schneebesen oder Handrührgerät schaumig schlagen. Als nächstes ½ Vanilleschote mit einem scharfen Messer der Länge nach aufschneiden und den Inhalt mit dem Messer abkratzen und zur Ei-Zucker-Masse geben. Dann die Walnüsse (50 g) ganz klein hacken und in einer beschichteten Pfanne ohne Fett bei mittlerer Hitze ca. 2 Minuten anrösten. Die Walüsse dann in die Schüssel geben.

Jetzt die Sahne (200 ml) steif schlagen und vorsichtig mit einem Löffel unter die Ei-Zucker-Masse heben. Danach das Ganze in eine längliche Kuchenform geben und mindestens 3 Stunden, am besten über Nacht, bei –18°C einfrieren (im 4-Sterne-Kühlfach mindestens 5 Stunden). Die Form am besten komplett mit Alufolie verschließen. Denn so kann das Parfait beim Gefrieren keine Fremdgerüche oder Fremdgeschmäcker annehmen.

Tipp: Zum Servieren das Parfait aus der Form stürzen. Dazu am besten kurz fließendes heißes Wasser über die Außenfläche der Form geben, dann geht es leichter. Das Parfait anschließend mit einem scharfen Messer in 2 cm dicke Scheiben schneiden und auf den Teller geben.

Übrigens: Statt der Walnüsse können Sie z. B. auch 50 g pürierte Erdbeeren, 50 g gehackte, geschälte und geröstete Mandeln oder 10 g Zimt nehmen.

Eistorte »Mousse au chocolate«

Zutaten:

200 g Bitterkuvertüre (mindestens 70 % Kakaoanteil)

50 g Vollmilch-kuvertüre

2 Eier

4 Eigelb

75 g Zucker

650 ml Sahne

Salz

etwas Kakaopulver zum Abschmecken

1 Biskuitboden (26 cm Durchmesser)

Zubereitung:

Die Eier (2 Stück), das Eigelb (4 Stück), den Zucker (75 g) sowie eine Prise Salz in eine Schüssel geben und mit dem elektrischen Handrührgerät oder dem Schneebesen schaumig rühren. Danach die Kuvertüren (200 g Bitterkuvertüre, 50 g Vollmilchkuvertüre) mit einem scharfen Messer etwas zerkleinern und in einer Schüssel über dem Wasserbad langsam auflösen, und zwar so lange, bis die Kuvertüre geschmolzen ist. Anschließend die Sahne (650 ml) steif schlagen und im Kühlschrank kalt stellen.

Die aufgelöste Kuvertüre vorsichtig nach und nach in die Ei-Zucker-Masse geben und mit dem Handrührgerät zu einer gleichmäßigen Masse mischen. Danach die Sahne aus dem Kühlschrank nehmen und vorsichtig mit einem Löffel unterheben. Das Ganze mit etwas gesiebtem Kakaopulver abschmecken und die Masse ca. 30 Minuten im Kühlschrank erkalten lassen.

Währenddessen den Biskuitboden in eine runde Springform legen und die fertige Masse aus dem Kühlschrank gleichmäßig darauf verteilen. Das Ganze ca. 3 Stunden, am besten über Nacht, bei –18°C einfrieren (im 4-Sterne-Kühlfach mindestens 5 Stunden). Die Form komplett mit Alufolie verschließen, damit die »Mousse au chocolate« keine Fremdgerüche oder Fremdgeschmäcker annehmen kann. Vor dem Servieren die Torte mit Schokoraspeln verzieren.

LUST AUF SCHOKOLADE –

Tafeln und Nikoläuse im Test!

Dr. Frank Schwebke erklärt Petra Theisen: Schokolade ist erstaunlich gesund.

Warum macht Schokolade glücklich?

Schokolade macht glücklich – und zwar Männer wie Frauen. Das haben aktuelle Studien bewiesen. Die glücklich machenden Substanzen heißen **Anandamid, Phenyläthylamin, Serotonin** und **Theobromin**. Laut Studiogast Dr. Frank Schwebke müsste Schokolade in größeren Mengen sogar unter das Betäubungsmittelgesetz fallen, denn die vier »Glücklichmacher« haben im Körper folgende Wirkung:

- **Anandamid** hat einen ähnlichen Effekt wie der Wirkstoff Cannabis in einem Joint. Man fühlt sich leicht, beflügelt und glücklich, weil das Anandamid an die gleichen Rezeptoren in den Gehirnzellen andockt wie die glücklich machenden Wirkstoffe im Cannabis. Allerdings müsste man mindestens drei Kilo Schokolade auf einmal essen, um denselben Effekt wie bei einem Joint zu erzielen.
- **Phenyläthylamin** ist ein Botenstoff, den der Körper ausschüttet, wenn man verliebt ist. Schokolade bewirkt also so eine Art »Verliebtheitseffekt«.
- **Serotonin** hilft dem Gehirn, Glücksgefühle überhaupt erleben zu können. Fehlt Serotonin im Körper, wird man sogar depressiv.
- Zudem ist in Schokolade auch eine geringe Menge **Theobromin** enthalten. Dieser Stoff macht wach und munter.
- Außerdem liegt der Schmelzpunkt von Schokolade kurz unter der Körpertemperatur. Das hat den Effekt, dass die Geschmacksknospen auf der Zunge dann besonders intensiv – mit über 500 Aromen – umspült werden. Zum Vergleich: Die Geschmacksnerven werden mit Schokolade rund 2/3 mehr mit Aromen verwöhnt als mit vielen anderen Lebensmitteln.

Wie gesund ist Schokolade?

Laut Studiogast und Medizinjournalist Dr. Frank Schwebke ist Schokolade erstaunlich gesund. Grundsätzlich gilt: Je höher der Kakaoanteil, also je dunkler die Schokolade, desto gesünder ist sie. Das heißt, es sollte möglichst viel Kakao und möglichst wenig Fett und Zucker enthalten sein. Leider greifen aber viele zu Schokoladenriegeln, die oft ungesund sind, weil sie sehr viel Zucker und Fett enthalten. Zu viel Fett und Zucker machen nämlich dick, und zu viel Zucker verursacht außerdem Karies.

Schokolade mit einem hohen Kakaoanteil dagegen ist gut gegen Herzkrankheiten. Der Grund: die in Schokolade enthaltenen **Polyphenole.** Das sind sekundäre Pflanzenstoffe aus der Kakaobohne, die die freien Radikale im Körper abwehren, also dem Körper helfen, sich gegen schädlichen, aggressiven Sauerstoff zu wehren, denn die schädigen die Blutgefäße, was zu Herzinfarkt und Krebs führen kann. Damit sind die **Polyphenole**, das hat eine neue Studie bewiesen, sogar bessere »Radikalfänger« als bestimmte Vitamine. Die neue Studie beweist nämlich, dass die **Polyphenole** des Kakaos hundertmal wirksamer als Vitamin C und fünfundzwanzigmal wirksamer als das Vitamin E sind. Die freien Radikalfänger schützen die Haut auch zusätzlich vor frühzeitigem Altern. Damit kann Schokolade nicht nur gesund, sondern auch schön machen.

Außerdem enthält Schokolade jede Menge gesunder Mineralstoffe, z. B. Kalium, Magnesium, Chrom und Mangan. **Kalium** ist ein Powermineral, denn es bringt die langkettigen Kohlenhydrate im Zucker in die richtige Form, so dass sie vom Körper und Gehirn optimal und schnell aufgenommen werden können. Außerdem regt Kalium die Muskelfunktion an. **Magnesium** dagegen ist ein Entspannungsmineral, denn es wirkt gegen Muskel- und Wadenkrämpfe und hilft gegen Stress. Deshalb bringt ein Stück Schokolade auch sofort Entspannung.

Chrom ist ein Spurenelement, das im Körper eine wichtige Katalysatorfunktion hat, denn es treibt Stoffwechselvorgänge an und normalisiert den Blutzuckerspiegel. Außerdem macht Chrom schlank, denn es lockt den Zucker aus dem Blut und hilft, dass das Insulin besser wirken kann. Chrom lässt Glukose ins Gehirn und so kann man sich besser konzentrieren. Dank Chrom bildet der Körper auch größere Mengen des Hormons DHEA. Das hält das dickmachende Hormon Cortisol in Schach und fördert die Konzentration. DHEA kann allerdings nur gebildet werden, wenn schon genügend Chrom im Blut vorhanden ist.

Mangan hingegen kurbelt den Kohlenhydratstoffwechsel an.

Kohlenhydrate werden in Glukose umgewandelt, pure Power für das Gehirn. Dank Mangan ist man entscheidungsfreudiger und kann sich besser konzentrieren.

Welche Schokolade ist gesund?

Grundsätzlich gilt: Je höher der Kakaoanteil in der Schokolade und je weniger Zucker und Fett darin enthalten ist, desto gesünder ist sie. Wie gesund die einzelnen Schokoladensorten sind, hat Studiogast und Arzt Dr. Frank Schwebke für Sie zusammengestellt:

Weiße Schokolade (ca. 600 kcal/100 g)

Weiße Schokolade schmeckt sehr cremig und süß und hat eher einen Milch- als einen Kakaogeschmack. Damit die Hersteller die typisch weiße Farbe zaubern können, ist statt des Kakaos nur der Extrakt daraus, nämlich die Kakaobutter, enthalten und nicht, wie viele glauben, gesunde Milch.

Nachteile: Aufgrund des geringen Kakaoanteils enthält die Schokolade wenig gesunde Bestandteile, also kaum Chrom, Polyphenole und Mangan. Hier sind jede Menge Zucker (ca. 55 %) und Fett enthalten, was die Schokolade zu einem richtigen Dickmacher und zur ungesündesten Schokolade macht.

Vorteile: Weiße Schokolade ist zwar nicht gesund, macht aber glücklich, denn hier liegen die Glücklichmacher Serotonin, Phenyläthylamin und Anandamid in einer Form vor, die vom Körper besonders gut aufgenommen werden kann.

Fazit:

Auch wenn weiße Schokolade glücklich macht, rät Studiogast Dr. Frank Schwebke hiervon dringend ab, denn sie ist eine wahre Zucker- und Fettbombe, die dick macht und schlecht für die Zähne ist.

Zartbitter- und Bitterschokolade (ca. 300 kcal/100 g)

Diese dunkle Schokolade ist von allen Sorten am gesündesten, denn sie hat den höchsten Kakaoanteil.

Vorteil: Durch den hohen Kakaoanteil enthält sie jede Menge der gesunden Inhaltsstoffe, die z. B. gegen Krebs, frühzeitige Hautalterung und Stress wirken. Außerdem hat sie einen sehr geringen Zuckeranteil (ca. 30–35 %) sowie wenig Fett.

Nachteile: Da Zartbitterschokolade wenig Zucker enthält, empfinden viele diese Sorte als bitter und unangenehm im Geschmack.

Fazit:

Laut Mediziner Dr. Frank Schwebke ist Zartbitterschokolade von allen Schokoladen am wenigsten schädlich für die Zähne, am gesündesten für Herz- und Blutgefäße und macht am wenigsten dick – und außerdem auch noch glücklich, deshalb ist sie besonders empfehlenswert.

Vollmilchschokolade (ca. 500 kcal/100 g)

Vollmilchschokolade ist die mit Abstand beliebteste Schokolade bei den Deutschen.

Nachteile: Sie enthält viel Zucker, nämlich rund 55 %. Außerdem hat die Vollmilchschokolade einen geringeren Kakaoanteil als die Zartbitterschokolade. Sie enthält also weniger der gesunden Stoffe, die z. B. vor Krebs schützen und schön machen.

Vorteile: Die so genannten »psychoaktiven Substanzen«, also all die Stoffe, die glücklich machen, liegen in der Vollmilchschokolade in einer gelösten Form vor, so dass sie vom Körper am besten aufgenommen werden können. Vollmilchschokolade macht also wie auch weiße Schokolade besonders glücklich.

Fazit:

Vollmilchschokolade ist für Süßmäuler der goldene Mittelweg zwischen Genuss und Gesundheit. Weil sie zudem mit Abstand die beliebteste Sorte ist, hat »service:tr€nds« den Vollmilchschokoladentest gemacht.

Der »service:tr€nds«-Vollmilchtafelschokoladen-Test

Wir wollten wissen: Welche Vollmilchtafelschokolade ist am besten? Getestet hat für uns das Chemische Untersuchungslabor Dr. Budde in Darmstadt.

Unsere Testkandidaten:

Produkte	erhältlich z. B. bei	Preis/100 g-Tafel
Europa Alpenmilchschokolade	Plus	0,20 €
ja! Alpenvollmilchschokolade	HL, miniMal	0,29 €
Condor Milchschokolade	Tengelmann	0,29 €
Derby Alpenmilchschokolade	Penny	0,29 €
Alpia Alpenvollmilch	HL, Plus, real, Tengelmann	0,41 €
Sarotti Vollmilchschokolade	HL, Tengelmann, real	0,53 €
Ritter Sport Vollmilch	HL, Tengelmann, real	0,65 €
Milka Alpenmilch	HL, Tengelmann, real	0,65 €
Feodora Vollmilchschokolade	Rewe-Märkte, Tengelmann, real	1,20 €
Gubor Edelvollmilchschokolade	real, Rewe-Märkte, Kaufhof	1,20 €
Lindt Extrafein	real	1,25 €

Unsere Testkriterien:

Test 1 – Milchfett: In einer guten Vollmilchschokolade sollten mindestens 7,5 % Milchfett enthalten sein, denn das zaubert den typisch sahnigen Geschmack.

Test 2 – Kakaoanteil: Er sollte möglichst hoch sein, d. h. bei einer guten Vollmilchschokolade über 35 %. Der Grund: Hier sparen nämlich die Hersteller gerne, denn Kakao ist der teuerste Bestandteil der Schokolade. Je weniger Kakao in der Vollmilchschokolade enthalten ist, desto mehr Zucker und Milchbestandteile sind darin, weil das die günstigen Füllstoffe sind.

Test 3 – Zuckergehalt: Er sollte möglichst niedrig sein, da sonst die Schokolade zu süß schmeckt. Außerdem ist zu viel Zucker schlecht für die Zähne und macht dick.

Test 4 – Teilchengröße: Mit dem Laserstrahl-Partikelmesser wird gemessen, wie fein die einzelnen Bestandteile der Schokolade gemahlen sind. Sie sollten möglichst fein und gleichmäßig gemahlen sein, denn das gibt den zarten Schmelz auf der Zunge. Ist die Schokolade zu grob oder unregelmäßig gemahlen, hat man dagegen ein sandiges Gefühl auf der Zunge.

Test 5 – Geschmack: Vollmilchschokolade sollte nicht zu süß und nicht zu bitter schmecken und einen sahnigen Schmelz haben.

So haben wir bewertet:

Einzelergebnisse in Noten von »sehr gut« bis »ausreichend«.

Unser Endergebnis:

Produkte	Note Einzelkriterien					Endnote
	Milchfett	*Kakaoanteil*	*Zucker*	*Teilchengröße*	*Sensorik*	
Feodora Vollmilch-Schokolade	sehr gut	sehr gut	sehr gut	sehr gut	sehr gut	sehr gut (1,0)
ja! Alpenvollmilchschokolade	sehr gut	befried.	befried.	befried.	gut	gut (2,4)
Derby Alpenmilchschokolade	sehr gut	befried.	befried.	befried.	gut	gut (2,4)
Gubor Edelvollmilchschokolade	gut	gut	gut	befried.	gut	gut (2,2)
Alpia Alpenvollmilch	sehr gut	befried.	ausreich.	befried.	gut	befried. (2,6)
Sarotti Vollmilchschokolade	befried.	befried.	ausreich.	befried.	gut	befried. (3,0)
Ritter Sport Vollmilch	befried.	befried.	gut	ausreich.	gut	befried. (2,8)
Milka Alpenmilch	ausreich.	befried.	ausreich.	gut	gut	befried. (3,0)
Lindt Extrafein	befried.	gut	befried.	befried.	gut	befried. (2,6)
Europa Alpenmilchschokolade	ausreich.	befried.	ausreich.	befried.	gut	befried. (3,2)
Condor Milchschokolade	ausreich.	befried.	ausreich.	befried.	gut	befried. (3,2)

Fazit:

Mit **»sehr gut«** hat nur die Vollmilchschokolade von **»Feodora«** abgeschnitten. Deshalb ist sie unser **»service:tr€nds«**-Testsieger.

Welche Nachteile hat Schokolade?

Neben all den tollen positiven Eigenschaften hat Schokolade laut Dr. Frank Schwebke natürlich auch gewisse Nachteile. Zu viel Schokolade kann aufgrund des enthaltenen Fettes und Zuckers bei übermäßigem Genuss zu **Übergewicht** führen. Schokoladen mit einem hohen Zuckeranteil machen nicht nur dick, sie **entziehen** dem Körper auch **Vitamine und Mineralstoffe**. Das kann den Körper mit der Zeit schlapp, träge und anfällig für Krankheiten machen. Außerdem sind Sorten mit Kokosfett, gehärtetem Pflanzenfett und Palmfett ungesund, da sie auf Dauer und in großen Mengen zu **Arteriosklerose und Herzinfarkt** führen können. Deshalb beim Einkauf darauf achten, dass unter »Inhaltsstoffe« weder gehärtete Fette noch Pflanzen- oder Kokosfett stehen.

Allerdings halten sich rund um die Schokolade auch gesundheitsschädliche Gerüchte, die durch aktuelle Studien mittlerweile widerlegt sind. Es ist z. B. nicht nachweisbar, dass Schokolade Pickel verursacht. Außerdem ist Schokolade weitaus weniger schädlich für die Zähne als bisher angenommen. Ein Zuckerbonbon fördert Karies zwanzigmal mehr als Schokolade, denn die Tannine im Kakao der Schokolade mindern die Plaquebildung auf den Zähnen. Den selben Effekt hat das in den meisten Schokoladen enthaltene Milcheiweiß. Dies gilt allerdings nicht für Schokoladenriegel.

Was taugt gefüllte Schokolade?

Ob Zartbitter, Vollmilch oder weiße Schokolade – fast alle Sorten gibt es mittlerweile auch mit verschiedenen Füllungen. Wie gesund die einzelnen »Zugaben« in den Schokoladen sind, hat »service:tr€nds«-Studiogast und Arzt Dr. Frank Schwebke zusammengefasst:

Joghurtfüllung
In Schokoladen mit Joghurt sind recht viele Milchbestandteile wie Molke und Milchfett enthalten. Diese tierischen Eiweiße sind gut für den Muskelaufbau. Außerdem ist darin Kalzium enthalten, was gut für den Knochenaufbau ist. Allerdings ist Schokolade mit Joghurtfüllung längst nicht so gesund und »leicht«, wie die Werbung gerne verspricht, denn sie enthält auch ungesunde Stoffe wie Fett und Zucker. Ein Glas fettarmer Milch wäre gesünder und billiger als ein Schokoladenjoghurtriegel.

Das hr-Studio erfüllt (nicht nur) Kinderträume: Ein Raum voller Schokolade!

Milchfüllung (z. B. Kinderschokolade)
Ein Glas Milch wäre auch hier gesünder, denn in Schokolade mit Milchfüllung sind nur geringfügige Mengen der gesunden Milchbestandteile, wie Kalzium und Eiweiß, enthalten. Außerdem steckt in Schokolade mit Milchfüllung recht viel Fett und Zucker.

Krisp und Puffreis
Krisp oder Puffreis in Schokolade ist eine gesunde Füllung, denn darin stecken jede Menge langkettiger Kohlenhydrate, die vom Körper schnell aufgenommen werden. Sie machen satt, geben Energie und haben fast kein Fett und keinen Zucker.

Nougat und Pralinenfüllung
Pralinen- und Nougatfüllungen haben einen sehr hohen Anteil an Fett und Zucker. Der viele Zucker macht dick, und zu viel Fett schädigt die Herzgefäße. Der Grund: Fett lagert sich an den Blutgefäßen ab und führt dort zu einer Verengung. Einigermaßen gesund ist Nougat nur, wenn er so viel wie möglich Nüsse enthält. Darin sind nämlich B-Vitamine und der Stoff »Cholin«, die das Gehirn auf Trab halten und helfen, schärfer zu denken.

Nüsse (z. B. Mandeln und Haselnüsse)
Nüsse sind zwar sehr fettreich, aber ansonsten sehr gesund. Sie enthalten nämlich B-Vitamine (Vitamin B_2, B_5 und B_6). Dieser Vitaminkomplex ist die optimale Nervennahrung fürs Gehirn, denn er sorgt dafür, dass man sich besser konzentrieren und schärfer denken kann. Zudem enthalten Nüsse Cholin. Dieser Stoff verschärft die Übertragungsgeschwindigkeit zwischen den Nervenzellen. Das Spurenelement Phosphor sorgt außerdem dafür, dass in den Körperzellen Fett besser verbrannt wird. Schokolade mit ganzen Nüssen ist deshalb nicht nur gesund, sie macht auch nicht so schnell dick.

Trauben-Nuss
Laut Dr. Frank Schwebke ist Trauben-Nuss die absolute Traumfüllung in einer Schokolade – zumindest aus medizinischer Sicht, denn zu den gesunden Nüssen kommen noch die getrockneten Trauben, d. h. Rosinen, hinzu, die prall mit Kalium gefüllt sind. Dieser Mineral-

stoff ist eine prima »Hirnnahrung«, denn er verbessert z. B. die Konzentration. Außerdem sind in den Rosinen sehr viele Polyphenole enthalten, die gegen vorzeitige Hautalterung und Krebs schützen, denn Rosinen halten nicht nur das Gehirn fit, sie machen auch noch schön und schützen vor Krebs.

Fazit:

Die gesündeste Schokolade ist also – so Dr. Frank Schwebke – die Zartbitter mit Rosinen und Nüssen.

Wie viel Schokolade darf man essen?

Viel hilft nicht viel. Schokolade hat zwar jede Menge gesunder Bestandteile, sollte aber trotzdem nicht in rauen Mengen verzehrt werden. Deshalb empfiehlt Dr. Frank Schwebke folgende Schokoladenmengen pro Tag. Für gesunde Schokolade, wie Zartbitter mit Trauben-Nuss, gilt die größere Menge, für ungesundere Schokolade, z. B. weiße, die niedrigere Menge:

- **normalgewichtige Erwachsene:** dreimal wöchentlich 30–40 g Schokolade. Eine aktuelle US-Studie zeigt, dass man mit einem regelmäßigen und gemäßigten Schokoladenkonsum sogar länger lebt.
- **Erwachsene während einer Diät:** keine Schokolade, auch keine Bitterschokolade, denn sonst wird durch den Zucker zu viel Insulin ins Blut gelockt und man nimmt nicht ab.
- **Kinder:** am besten eigentlich gar keine Schokolade – und zwar aus psychologischen Gründen. Kinder mögen meist nur Vollmilch- oder weiße Schokolade. Prinzipiell sollte sie in Maßen genossen werden; am besten nur Bitterschokolade. Wenn es doch einmal Schokolade sein muss, dann nur die halbe Erwachsenendosis, also ca. 15–30 g.
- **Senioren (ab 50 Jahre):** die halbe Erwachsenenmenge, also dreimal wöchentlich ca. 15–30 g, denn der Stoffwechsel verlangsamt sich bei älteren Menschen etwas. Bei größeren Mengen würde man schneller zunehmen.
- **Sportler:** dieselbe Menge wie normalgewichtige Erwachsene auch, also dreimal wöchentlich 30–40 g. Nach einem Wettkampf oder hartem Trainingstag schadet auch eine halbe Tafel Bitterschokolade am Tag nicht, denn Sportler haben in der Regel einen sehr gut funktionierenden Stoffwechsel und einen erhöhten Grundumsatz, so dass eine halbe Tafel nicht sofort »auf die Hüften geht«.

Der »service:tr€nds«-Schokoladennikolaus-Test

Wir wollten wissen: Welcher Vollmilch-Nikolaus ist am besten? Getestet hat für uns ein Sensorik-Team der Fachhochschule in Weihenstephan.

Unsere Testkandidaten:

Produkte (Hersteller)	erhältlich z. B. bei	Gewicht	Preis	Preis/100 g
Plus Christmas World Weihnachtsmann (Plus)	Plus	200 g	0,69 €	0,35 €
Riegelein Weihnachtsmann	Schlecker, Idea	150 g	0,75 €	0,50 €
Riegelein Rapper-Claus	real	125 g	1,19 €	0,95 €
Brandt Niklas bzw. Nicola	real	200 g	1,99 €	1,00 €
Milka Weihnachtsmann	HL, miniMal	200 g	2,05 €	1,03 €
Riegelein handbemalter Nikolaus	real, Tengelmann	150 g	2,49 €	1,66 €
Gubor Weihnachtsmann	real	100 g	2,30 €	2,30 €
Lindt Weihnachtsmann	Tengelmann, HL, miniMAL	125 g	3,00 €	2,40 €

Unsere Testkriterien:

Test 1 – Außenfläche: Ein guter Vollmilch-Nikolaus sollte nicht beschädigt sein, also keine Bruchstellen oder Blasen haben, außerdem eine hellbraune kakaotypische Farbe besitzen und schön glänzen.

Die sieben Nikoläuse: unsere Testkandidaten.

Test 2 – Biss- und Kaueindruck: Ein Top-Nikolaus sollte einen zarten Schmelz haben und kein raues Gefühl im Mund hinterlassen, denn dann sind die Zutaten nicht sorgfältig genug vermahlen worden.

Test 3 – Geruch und Geschmack: Ein guter Nikolaus sollte einen harmonischen Kakao- und Milchgeschmack haben. Er darf nicht schimmelig und muffig schmecken, das bedeutet nämlich, dass die Kakaobohnen z. B. zu feucht gelagert wurden. Ebenfalls schlecht ist es, wenn der Nikolaus z. B. nach Karamel, zu süß oder rauchig schmeckt.

So haben wir bewertet:

Gewichtung: Außenfläche (x 3), Biss- und Kaueindruck (x 5), Geruch und Geschmack (x 8), Endnote (:16)

4,5–5 Punkte	sehr gut
4,0–4,49 Punkte	gut
3,5–3,99 Punkte	befriedigend
weniger als 3,5 Punkte	ausreichend

Unser Endergebnis:

Produkte	Note Einzelkriterien			Endnote
	Außenfläche	*Biss- und Kaueindruck*	*Geruch und Geschmack*	
Riegelein handbemalt	gut (4)	befriedigend (3,9)	ausreichend (3,1)	(3,5) befriedigend
Lindt	sehr gut (5)	befriedigend (3,7)	ausreichend (3,4)	(3,8) befriedigend
Riegelein Rapper-Claus	sehr gut (5)	befriedigend (3,6)	befriedigend (3,6)	(3,9) befriedigend
Plus Weihnachtsmann	sehr gut (5)	gut (4,1)	gut (4)	(4,2) gut
Nikola	sehr gut (4,7)	gut (4,3)	gut (4,1)	(4,3) gut
Riegelein (150 g)	sehr gut (5)	gut (4,3)	gut (4,1)	(4,3) gut
Milka-Nikolaus	gut (4,1)	sehr gut (4,5)	sehr gut (4,5)	(4,4) gut
Gubor-Nikolaus	gut (4)	sehr gut (5)	sehr gut (5)	(4,8) sehr gut

Fazit:

Als einziger mit der Note **»sehr gut«** hat nur der Schokoladennikolaus von **»Gubor«** abgeschnitten. Deshalb ist er unser **»service:trends«**-**Testsieger**.

Wie kann man Gerichte mit Schokolade verfeinern?

Viele Gerichte können Sie schnell und einfach mit Schokolade aufpeppen. Ihrer Fantasie und Kreativität sind hier keine Grenzen gesetzt. Sternekoch und Studiogast Michael Beck hat einige Tipps zusammengestellt:

- Zum **Frühstück** etwas Zartbitterkuvertüre oder Blockschokolade einfach ins Müsli, über den Joghurt oder über den Obstsalat mit einem Messer hobeln.
- Zum **Vanilleeis** einfach etwas erhitzte Zartbitterkuvertüre gießen.
- Eine süße **Schokoladensoße**, die prima zu Kuchen oder Gebäck passt, ist ebenfalls schnell zubereitet: Einfach 100 ml Milch, 100 ml Sahne (30 %) in einen Topf geben. Das Ganze erhitzen und kurz aufkochen lassen. Dann 100 g grob gehobelte Kuvertüre hinzugeben

Der Schokoladen-Tipp von Prof. Hademar Bankhofer

Vor allem an düsteren Wintertagen brauchen wir etwas, was unserer Seele Kraft gibt: Heiße Schokolade, denn sie vertreibt Kälte und trübe Gedanken. Außerdem ist sie schnell zubereitet. Einfach Schokolade schmelzen und mit Milch vermengen.

Blasen und Brüche ade – Glasuren gelingen mit den Tipps von Sternekoch Michael Beck.

und in der Milch-Sahnemasse schmelzen lassen. Gut umrühren, fertig ist die Schokoladensoße. Die kann man jetzt z. B. über Eis, Waffeln und Kuchen verteilen. Übrigens: Kuvertüre gibt es in Vollmilch, Weiß- und Zartbitter.

- **Herzhafte Soßen** bekommen durch Zartbitterschokolade oftmals erst den richtigen Kick. Einfach je nach Geschmack etwas Schokolade beim Abschmecken in die fertige Soße hobeln und schmelzen lassen. Zartbitter harmoniert nämlich prima mit dunklen Soßen, die bereits mit rotem Chili, Ingwer oder Kardamon gewürzt sind. Hervorragende Soßen für Wild, Geflügel und Kalbfleisch.
- Für einen **schnellen Nachtisch**: z. B. geschnittene Bananen oder Äpfel auf eine Gabel spießen und einfach kurz durch erhitzte, flüssige Kuvertüre ziehen. Ca. 3–5 Minuten erkalten lassen, fertig.

Wie gelingt eine tolle Glasur mit Kuvertüre?

Wer kennt das nicht: Blasen, ungewollte Hubbel oder eine ungleichmäßige Oberfläche auf dem Schoko-Überzug. Dabei ist ein schöner Kuvertürenüberzug kinderleicht. Sternekoch Michael Beck verrät Ihnen seine Tricks.

Das erste Geheimnis: liegt im richtigen **Erhitzen** der Kuvertüre. Erhitzen Sie 2/3 der Masse auf niedriger Flamme im Wasserbad bei maximal 40–45 °C. Wird die Kuvertüre zu heiß, verbrennen Kakaobestandteile. Dann kann die enthaltene Kakaobutter unschön ausflocken und brandig und pelzig schmecken. Ist die erhitzte Masse geschmolzen, die restlichen 1/3 grob geraspelte Kuvertüre hinzugeben und umrühren. Das kühlt die Masse automatisch auf 34–36 °C herunter.

Danach können Sie die flüssige Kuvertüre auch noch je nach Geschmack prima mit z. B. Alkohol verfeinern. Geben Sie auf 500 g Kuvertüre ca. 1 cl Rum, Weinbrand oder Schnaps hinzu. Es sollte jedoch mindestens 45 %iger Alkohol sein, besser ist ein 70 %iger, denn ist der Alkoholgehalt zu niedrig, schmeckt der Überzug fad oder gar nicht nach Alkohol. Oder Sie verfeinern Kuvertüre mit Gewürzen. Das passt prima in die vorweihnachtliche Zeit. Verfeinern Sie 500 g geschmolzene Kuvertüre z. B. mit $^{1}/_{2}$ Teelöffel Zimt oder mit einer Messerspitze Chiliöl oder frisch geriebenen Orangen- und Limonenschalen von je 1–2 Orangen und Limonen (je nach Größe).

Das zweite Geheimnis: liegt im **Verteilen** der Kuvertüre nach dem Erhitzen. Geben Sie die flüssige Kuvertüre nach und nach auf den Kuchen oder die zu überziehende Oberfläche und ziehen Sie das Ganze mit einem langen Messer oder einem speziellen Konditorenmesser glatt. Das funktioniert jedoch nur bei ebenen Oberflächen. Unebene Kuchen oder z. B. Gebäck deshalb besser mit der Kuvertüre bepinseln, so wird der Schokoüberzug gleichmäßig und glatt. Während des Bepinselns die Kuvertüre unbedingt im warmen Wasserbad lassen, sonst wird sie zu schnell kalt.

Das dritte Geheimnis: Zum **Erkalten** den überzogenen Kuchen oder das überzogene Gebäck auf keinen Fall in den Kühlschrank stellen! Dort ist es der Schokolade zu feucht, und sie zieht hässliche Schlieren. Besser bei Zimmertemperatur erkalten lassen, die Kuvertüre ist dann in ca. 10–15 Minuten hart und der Kuchen oder das Gebäck servierfertig.

Tipp: Kaufen Sie keine Kuvertüre mit der Aufschrift »Kakaoglasur«, denn diese Produkte enthalten laut Sternekoch Michael Beck jede Menge ungehärtete Fette, die Magenverstimmungen verursachen können.

Exklusiv-Rezepte von Sternekoch Michael Beck

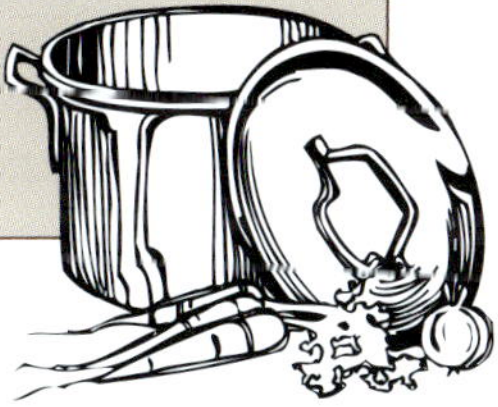

Heiße Schokolade (für 6 Portionen)

Zutaten:

250 g dunkle Kuvertüre oder Zartbitterschokolade

700 ml Milch

300 ml Sahne

etwas Muskat und etwas Zimt

Zubereitung:

Zartbitterschokolade (250 g) oder Kuvertüre (250 g) fein hacken. Die Milch (700 ml) mit der Sahne (300 ml) aufkochen. Vom Feuer nehmen, die fein gehackte Schokolade dazugeben und schlagen bis sie völlig geschmolzen ist. Diese Mischung nicht mehr aufkochen lassen, sonst gerinnt die Schokolade und Klumpen entstehen.

Wer möchte, kann mit Muskat oder Zimt verfeinern, vielleicht auch mit Schokoladenlikör und zum Schluss einer Haube geschlagener Sahne.

Mousse au chocolat (für 8 Personen)

Zutaten:

200 g Bitterkuvertüre

50 g Vollmilchkuvertüre

2 Eier

4 Eigelb

75 g Zucker

650 g Sahne

etwas Salz und
etwas Kakaopulver

Zubereitung:

Die Eier (4 Eier + zwei Eigelb) mit dem Zucker (75 g) und einer Prise Salz schaumig schlagen. Dann die Kuvertüre (200 g Bitterkuvertüre und 50 g Vollmilchkuvertüre) mit einem Messer klein hacken und im warmen Wasserbad auflösen. Dazu erhitzen Sie einen Topf Wasser auf dem Herd. Stellen Sie dann in das heiße Wasser eine Metallschüssel, um den Boden zu erwärmen. In dieser Wasserbadschüssel dann die Kuvertüre auflösen, anschließend die Sahne (650 g) steif schlagen und im Kühlschrank kaltstellen.
Geben Sie die aufgelöste Kuvertüre langsam nach und nach in die Ei-Zucker-Masse und rühren Sie das Ganze mit dem Schneebesen vorsichtig zu einer gleichmäßigen Masse. Dann die kaltgestellte Sahne unterheben und die Mousse mit etwas Kakao abschmecken bzw. bestäuben.

Die »service:tr€nds«-Schokoladensünde

(für 4 bis 6 Portionen)

Zutaten:

100 g Zartbitter-Kuvertüre

6 Eigelb

6 Eiweiß

50 g Zucker

100 g grob gemahlene und geröstete Mandeln
(Tipp: Mandeln am besten selbst in einer Teflonpfanne ohne Fett rösten)

50 g Semmelbrösel

50 g Zucker

Zubereitung:

Die Zartbitterkuvertüre (100 g) bei kleiner Flamme in einem Topf erhitzen, bis sie flüssig ist. Dann die flüssige Kuvertüre zusammen mit dem Zucker (50 g) und dem Eigelb (6 Stück) schaumig schlagen. Anschließend die gerösteten, gemahlenen Mandeln (100 g) und die Semmelbrösel (50 g) unterheben. Zum Schluss das Eiweiß (6 Stück) steif schlagen und vorsichtig nach und nach unter die übrige Masse heben. Dann das Ganze in kleine Förmchen füllen und im vorgeheizten Backofen bei 170 °C ca. 35–45 Minuten »pochieren«, d. h. die Masse in einer Metallschale auf einem mit Wasser gefüllten Topf ohne Deckel in den Ofen stellen.

SCHLANK WERDEN, SCHLANK BLEIBEN –

Der Weg zum Wunschgewicht

Welche Lebensmittel machen dick?

Dass Lebensmittel mit einem hohen Fettgehalt dick machen, ist wohl allgemein bekannt. Doch auch Kohlenhydrate können dick machen. Und zwar die so genannten schlechten Kohlenhydrate, die in allen Weißmehlprodukten, also in hellem Brot, und in Lebensmitteln mit viel Zucker, z. B. Süßigkeiten, enthalten sind. Zu schlechten Kohlenhydraten zählen außerdem: Fruchtnektar, Cornflakes, Marmelade oder Pizza.

Der Grund: Die so genannten schlechten Kohlenhydrate werden vom Körper sehr schnell aufgenommen und in Glukose verarbeitet und gelangen so ins Blut. Die Folge: Der Blutzuckerspiegel steigt schnell an, und dadurch beginnt der Körper große Mengen vom »Dickhormon« Insulin zu produzieren. Insulin sperrt das Fett in den Fettdepots ein, denn Insulin sorgt dafür, dass im Blut schwimmende Fettsäuren in die Fettdepots des Körpers, also z. B. direkt an den Hüften gespeichert werden. Und solange der Insulinspiegel durch schlechte Kohlenhydrate hoch bleibt, kann das Fett auch nicht abgebaut werden.

Dr. Ulrich Strunz erklärt, warum die beste Diät ohne Bewegung nichts nützt.

Darum sollte man »künstliche« Kohlenhydraten meiden. Greifen Sie lieber zu Sattmachern aus der Natur. Kohlenhydrate, die satt, aber nicht dick machen, sind vor allem in Vollkornprodukten, wie Vollkornbrot oder Vollkornnudeln, sowie in den meisten Obst- und Gemüsesorten enthalten.

Welche Lebensmittel dick machen und welche nicht, finden Sie in der in der nebenstehender Tabelle zusammengestellt.

Warum ist es wichtig, sich während einer Diät zu bewegen?

Fitnesspapst Dr. Ulrich Strunz schwört auf Bewegung, um den Körper fit und vor allem auch schlank zu halten oder zu machen. Die drei wichtigsten Punkte, warum man bei einer Diät mit ein bisschen Sport bis zu sechsmal schneller abnimmt, hat er für Sie zusammengestellt.

- Ziel einer Diät ist es, Fett zu verbrennen. Doch Fett wird ausschließlich in unseren Muskeln verbrannt und hier gilt: Je mehr Muskeln Sie haben, desto schneller können Sie Ihren Fettpölsterchen zu Leibe rücken. Wer sich bewegt, ob durch Laufen oder Fahrradfahren, baut Muskeln auf und Fett ab.
- Bewegung verändert die »Körperchemie«. Das bedeutet, dass der Körper durch Sport angeregt wird, mehr fettverbrennende Enzyme zu bilden, dadurch wird Fett schneller verbrannt, und man nimmt deutlich schneller ab. Außerdem nimmt man, wenn man länger als ein halbes Jahr regelmäßig Sport treibt, nicht so schnell wieder zu.

große Dickmacher	kleine Dickmacher	keine Dickmacher
sehr helles Brot	Weizenbrot	Pumpernickel
Croissants	Mischbrot	grobes Vollkornschrotbrot, Kleiebrot
Bratkartoffeln	weißer Langkornreis	Hülsenfrüchte
Pommes frites	weiße Spaghetti	Haferflocken
Coca Cola	Konfitüre	Nudeln aus Hartweizengrieß
Limonade	Honig	Vollkornteigwaren
Fruchtgummi	Rosinen	Naturreis
Schokolade, Schokoriegel	rote Beete	Vollkornmüsli
Kekse	Ananas	fettarme Milchprodukte
Schnellkochreis	Mais	Äpfel, Birnen
weißer Rundkornreis		Karotten
Müsli mit Zuckerzusatz		Kartoffeln
		Apfel- und Orangensaft

- Durch Sport essen wir instinktiv mehr gesunde Sachen. Der Körper macht uns nach dem Sport automatisch Hunger auf gesunde natürliche Kohlenhydrate, z. B. Brot, Kartoffeln, Obst und Gemüse, um satt zu werden und seine Energiereserven wieder aufzufüllen.

Der »service:tr€nds«*-Fettverbrennungs-Test*

Bei welcher Sportart man die meisten Kalorien verbrennt, hat für uns der Fachbereich Sportmedizin der Universität Frankfurt unter die Lupe genommen. Jeweils eine halbe Stunde muss unsere Testperson gemütlich laufen, Rad fahren und schwimmen. Anhand der Sauerstoffaufnahme während dieser Zeit können die Experten genau bestimmen, wie viele Kalorien, also wie viel Fett der Körper bei der jeweiligen Sportart verbrennt. Unsere Testperson Sabine ist 172 cm groß und wiegt 69 kg.

- **Rad fahren:** Die Kalorien werden hier überwiegend über die Beinmuskeln abgebaut. Bei einer durchschnittlichen Ge-

Gleich geht's los – Laufen verbrennt optimal viel Fett.

schwindigkeit von 15 km/h hat Sabine hier während einer halben Stunde **200 Kalorien** verbrannt.

- **Laufen:** Hier konnte Sabine in einer halben Stunde mehr Kalorien als beim Rad fahren verbrennen, nämlich **250 Kalorien**. Der Grund: Beim Laufen werden nicht nur die Bein-, sondern auch die Arm- und Oberkörpermuskeln beansprucht. Dadurch werden auch mehr Kalorien verbraucht.
- **Schwimmen:** Auch bei dieser Sportart kann mehr verbrannt werden als beim Radeln, nämlich ebenfalls **250 Kalorien**. Ausschlaggebend ist dafür neben der stärkeren Muskelbeanspruchung ebenfalls der Wasserwiderstand. Um gegen diesen Widerstand anzuschwimmen, verbraucht der Körper nämlich zusätzliche Kalorien.

Fazit:

Für alle, die Pfunde loswerden wollen, eignen sich in puncto Kalorienverbrauch die Sportarten Laufen und Schwimmen. **Doch Vorsicht:** Beim Schwimmen werden zwar kurzfristig genauso viele Kalorien verbraucht wie beim Laufen, auf Dauer macht schwimmen – so Dr. Ulrich Strunz – jedoch dick. Der Grund: Durch das kalte Wasser bildet die Haut eine schützende Fettschicht. Außerdem werden auf Dauer beim Laufen mehr Muskeln aufgebaut. Und in diesen Muskeln werden Fettenzyme gebildet, die für die Fettverbrennung notwendig sind.

Wie Sie mit Dr. Ulrich Strunz in rund zwei Wochen sieben Kilo verlieren

Das Erfolgsrezept jeder Diät ist, so Fitnesspapst Dr. Ulrich Strunz, eine clevere Ernährung und Bewegung. Alle guten Vorsätze nutzen nichts, wenn nicht auch Taten folgen. **Ganz wichtig:** Die Bewegung sollte Spaß machen und nicht zu anstrengend sein, vor allem, wenn Sie bisher noch nicht viel Sport gemacht haben.

Dr. Ulrich Strunz schwört auf Laufen als Fettkiller, denn bei dieser Sportart werden 70 % der menschlichen Muskulatur beansprucht. Er empfiehlt deshalb: Laufen Sie einmal täglich entspannt bei einem Puls von unter 140 Schlägen pro Minute, und schon kommt die Fettverbrennung im Körper in Gang. Diese Pulsfrequenz ist ein Näherungswert, der für viele Menschen zutrifft. Es gibt aber noch einen anderen Trick, den Pulsschlag zu überprüfen. Ideal ist er z. B. auch, wenn Sie beim Laufen gerade noch so einen Satz klar sprechen können.

Folgende Punkte sollten Sie beachten:

- **Fatburner Eiweiß:** Wenn Sie Eiweiß essen, schießt der Körper Energie zu, er bedient sich dabei aus Ihren Fettdepots. Sie sollten bei der Dr.-Strunz-Diät alle vier Stunden Eiweiß essen, und zwar 30 g. Mixen Sie sich einen Eiweiß-Drink (Rezept unter Punkt 7) oder essen Sie fettarmes Eiweiß, das

z. B. im Quark, Fisch, magerem Geflügel oder Sojaprodukten enthalten ist.

- **Fordern Sie Ihre Muskeln:** Ein tägliches Krafttrainingsprogramm von zehn Minuten (z. B. mit einem Flexband) reicht, um Muskelmasse aufzubauen, denn Muskeln futtern den Fettzellen das Fett weg. Holen Sie sich z. B. ein Theraband mit Anleitung aus dem Sportfachgeschäft, Preis ab 12 €.
- **Obst und Gemüse satt:** Täglich sollten Sie 800 g Obst und Gemüse essen. Am besten starten Sie morgens mit einer Schüssel Obstsalat mit frischen Früchten der Saison. Knabbern Sie bis zum Mittag Gemüsestreifen, essen Sie täglich einen Apfel und achten Sie stets auf eine große Portion Gemüse oder Salat als Beilage. Trinken Sie täglich ein Glas Tomatensaft und würzen Sie Gerichte mit frischen Kräutern oder Gewürzen.

Der Grund: Sie erhalten so jede Menge Vitamine und natürliche Kohlenhydrate, die satt machen und dazu noch gesund sind.

- **Viel trinken:** Jeden Tag mindestens drei Liter Mineralwasser und verschiedene ungesüßte Tees. In jedes Glas Wasser eine halbe Zitrone pressen, denn das regt die Fettverbrennung an. Ab und zu eine Tasse Kaffee ist erlaubt. Koffein kurbelt nämlich auch die Fettverbrennung an. Fruchtsäfte immer im Verhältnis 1:3 mit Wasser verdünnen, sonst enthalten diese zu viel dickmachenden Zucker.
- **Halten Sie den Glykämischen Index (GI) niedrig:** Einige Lebensmittel locken das »Dickmacherhormon« Insulin stärker ins Blut als andere. Solange Insulin im Blut schwimmt, kann der Körper kein Fett abbauen. Daher halten Sie sich in der Abnehmphase lieber an Lebensmittel mit niedrigem Zuckerfaktor GI, d. h. Lebensmittel mit gesunden Kohlenhydraten: Obst und Gemüse, Milchprodukte, Nudeln, Vollkorngetreide, Fleisch, Fisch, Sojaprodukte, Nüsse, Fruchtzucker. Tabu sind: Bier, Kartoffeln, Mais, Weißbrot, Rundkornreis, Zucker.

Immer wieder ein spannendes Thema: Welche Diät taugt wirklich was?

Drei Liter Wasser sind Pflicht, vor allem beim Sport und Abnehmen.

- **Lassen Sie nachts Schlankhormone arbeiten:** Bevor Sie ins Bett gehen, mixen Sie sich noch einen kleinen Schlummertrunk. 1 EL Eiweißpulver auf 0,1 Liter Wasser, Saft von 1/2 Zitrone plus 2 TL Honig. Das braucht der Körper, um viel Wachstumshormone auszuschütten, und es sorgt für hohen Energieverbrauch und Muskelaufbau, also für Fettverbrennung.
- **Keine Angst vor Kantine oder Restaurant:** Stellen Sie sich am Salatbüfett einen bunt gemischten Salatteller zusammen oder essen Sie Fischfilets mit Reis, Pasta mit Shrimps, Tomatensoße oder Gemüse und Hühnerbrust mit leichter Soße.
- **Gehen Sie zum Arzt und messen Sie Ihre Blutwerte:** Sie verraten Ihnen, ob Sie überhaupt Fett verbrennen können. Das können Sie nämlich nicht, wenn Ihnen Vitalstoffe, das heißt Vitamine und Mineralstoffe, fehlen.
- **Laufen:** Täglich 30–60 Minuten entspannt laufen kurbelt die Fettverbrennung an und ist ideal zur Unterstützung bei der Gewichtsabnahme. **Wichtig:** Laufen Sie mit einem Puls von unter 140 oder so, dass Sie noch während des Laufens einen Satz klar sprechen können, denn nur dann verbrennen Sie optimal Fett. Ihren Puls können Sie während des Laufens am besten mit einem Pulsmesser kontrollieren, z. B. von Polar, ab ca. 50 €.
- **Laufanfänger sollten so beginnen:** 30 Minuten lang im Wechsel drei Minuten laufen und drei Minuten gehen. Pro Tag die Laufabschnitte um eine Minute steigern.
- **Übrigens:** Wer morgens vor dem Frühstück laufen geht, verbrennt mehr Fett als am Nachmittag oder Abend. Der Grund: Der Fettstoffwechsel ist zu dieser Tageszeit am aktivsten und kann dann am meisten Fett verbrennen.

Was sollten Sie beim Laufen beachten?

Anfänger und Fortgeschrittene machen beim Laufen häufig Fehler. Fitnesspapst Dr. Ulrich Strunz hat einige Punkte zusammengestellt, die Sie unbedingt beachten sollten.

- **Richtige Geschwindigkeit:** Vor allem am Anfang sollte Sie die Geschwindigkeit nicht interessieren. Es ist gesünder und effektiver, langsam zu laufen als zu schnell. Denn wer zu schnell läuft, läuft mit einem zu hohen Puls. Eine Fettverbrennung kann dann nicht mehr stattfinden. Außerdem ist bei zu schnellem Laufen das Verletzungsrisiko sehr hoch. Laufen Sie so, dass Sie sich dabei noch unterhalten könnten. Legen Sie – wenn nötig – auch kurze Gehpausen ein. Wichtig ist nämlich, wie lange Sie laufen, und zwar zeitlich gesehen. Steigern Sie die Zeitintervalle, die Sie laufen. Geschwindigkeit und Kondition kommen irgendwann von allein.
- **Richtig essen:** Wenn Sie vermehrt Sport treiben, benötigt Ihr Körper auch mehr »Treibstoff« – also wie ein Auto Benzin zum Fahren braucht, sonst bleibt es irgendwann stehen. Die besten Kraftstoffe für Läufer sind viel Kohlenhydrate (z. B. in Vollkornnudeln, Vollkornbrot und Obst), viel Eiweiß (z. B. in Magerquark, magerem Fisch wie Seelachs, Kabeljau, Goldbarsch und magerem Fleisch) und wenig Fett. Achten Sie darauf, dass Sie gerade vor dem Laufen keine Lebensmittel essen, die mehr als 5 g Fett pro 100 g haben. Denn dann ist der Körper zu sehr mit Verdauen beschäftigt und wird müde, und Ihnen kann beim Laufen übel werden.
- **Seitenstechen vermeiden:** Wenn Sie laufen und starkes Stechen unterhalb der Rippen spüren, kann das zwei Ursachen haben. Entweder haben Sie vor dem Laufen zu viel gegessen. Dann ist Ihr Körper so sehr mit der Verdauung beschäftigt, dass nicht mehr genug Blut ins Zwerchfell kommt. Deshalb erst zwei Stunden nach der letzten Mahlzeit laufen. Oder aber Sie atmen falsch: Das Zwerchfell wird nur beim Ausatmen mit Sauerstoff versorgt. Wenn Sie zu schnell atmen, bekommt es zu wenig Sauerstoff, was zu Seitenstechen führt.

Tipp: Wenn Sie Seitenstechen haben, drücken Sie fest mit der Faust auf die schmerzende Stelle, und atmen Sie einfach länger aus als ein. Achten Sie beim weiteren Laufen darauf, dass Sie gleichmäßig und ruhig atmen.

Dr. Ulrich Strunz begeistert Moderatorin Petra Theisen fürs Laufen.

- **Richtig trinken:** Wer viel Sport macht, schwitzt auch mehr. Achten Sie darauf, dass Ihre Wasserspeicher im Körper immer ausreichend gefüllt sind. Denn bei Wassermangel sind Sie weniger leistungsfähig, und im schlimmsten Fall kann es beim Laufen dann zu schweren Kreislaufproblemen kommen. Trinken Sie deshalb jeden Tag mindestens drei Liter Mineralwasser. »service:tr€nds«-Testsieger für Sportler ist das Mineralwasser Rosbacher Klassisch. Erst wenn Sie länger als 30 Minuten bei einem Lauf unterwegs sind, sollten Sie sich eine Trinkflasche mitnehmen, um den Flüssigkeitsverlust auszugleichen. Beim Laufen ist Saures wie Wasser mit Kohlensäure oder Orangensaft weniger geeignet, denn der Magen kann darauf sehr empfindlich reagieren.

  Tipp: Mischen Sie 1/3 Multivitaminsaft mit 2/3 Wasser. Trinken Sie dann nach 30 Minuten Laufen ca. alle 10 Minuten 2–3 kleine Schlucke aus der Flasche. Nicht zu viel auf einmal, auch das verträgt der Magen nicht.
- **Wadenkrampf:** Wenn Sie zu wenig Flüssigkeit oder Mineralstoffe, z. B. Magnesium, im Körper haben, ziehen sich die Muskeln zusammen. Beim Laufen ist davon meistens die Wade betroffen. Gegen den Krampf hilft nur eins: Dehnen. Dafür stellen Sie sich mit einem Meter Entfernung vor eine Wand auf und beugen Sie sich vor. Die Fußsohlen drücken Sie dann 20 Sekunden lang kräftig auf den Boden. Zur Vorbeugung: Trinken Sie jeden Tag drei Liter Mineralwasser und nehmen Sie täglich mindestens 300 mg Magnesium (in Form von Magnesiumcitrat), das lockert die Muskeln.

Übrigens: Wer nicht so gerne läuft oder Probleme mit den Knien oder Gelenken hat, für den empfiehlt Fitnesspapst Dr. Ulrich Strunz das Nordic Walking.

Wie bekommt man hartnäckige Fettpölsterchen weg?

Viele kennen das Problem: Hartnäckige Fettpolster haben sich an Bauch, Hüfte und Po festgesetzt. Trotz Sport und ausgewogener Ernährung wollen sie einfach nicht verschwinden. Mit welchen Präparaten lästiger und hartnäckiger Speck einfacher wegschmelzen kann, hat Studiogast Dr. Ulrich Strunz zusammengestellt.

- **L-Carnitin:** Dieser Eiweißbaustein ist eine Art »Transportschiffchen«, das die Fettmoleküle in die Muskeln zur Verbrennung transportiert. Ohne L-Carnitin bleibt das Fett auf den Hüften. Carnitin steckt z. B. in Lamm-, Schaf-, Rind- und Schweinefleisch. Allerdings oft zu wenig, um tatsächliche Problem-Fettpölsterchen in der Abnehmphase schmelzen zu lassen. Dr. Ulrich Strunz empfiehlt deshalb, ein Präparat mit mindestens 1.000 mg L-Carnitin (erhältlich in Apotheken) zu sich zu nehmen, am besten eine Stunde vor dem Sport.
- **Vitamin C:** Vitamin C ist nicht nur ein gutes Antigrippemittel, sondern auch ein sehr aktiver Fatburner. Untersuchungen haben gezeigt: Dicke Menschen haben häufig einen Vitamin-C-Mangel. Vitamin C hilft dem Korper, das Hormon Noradrenalin zu produzieren. Dieses Hormon zieht zur Energiegewinnung Fett aus den Fettzellen. Wer abnehmen möchte, dem empfiehlt Dr. Strunz täglich 1.000 mg Vitamin C. Und zwar am besten in Kapselform als »Zeitverzögerungsperlen«, denn sie geben nur so viel Vitamin C ab, wie der Körper auch aufnehmen kann.
- **Kalzium:** Kalziummangel macht dick. Das ist das Ergebnis einer Studie in den USA. Frauen, die eine Diät machten, aber weniger als 780 mg Kalzium zu sich nahmen, speckten zu. Nur die Teilnehmerinnen, die täglich 1.000 mg Kalzium aßen, verloren Gewicht. Der Mineralstoff steckt vor allem in Joghurt, Quark und Käse. Wer mit der Nahrung jedoch keine 1.000 mg Kalzium zu sich nehmen kann, dem empfiehlt Dr. Ulrich Strunz entsprechende Präparate. Hoch dosiert ist z. B. das »Calcium Sandoz forte« (500 mg Kalzium pro Tablette).
- **Chrom:** Chrom erhöht die Empfindlichkeit für Insulin und schickt den Zucker aus dem Blut in die Zellen. Ist also genügend Chrom da, muss die Bauchspeicheldrüse weniger Insulin ausschütten. Schwimmt weniger Insulin im Blut, kommen Fette aus den Fettzellen frei, die Depots an Hüfte und Po schmelzen. Leider haben die meisten Menschen jedoch Chrommangel. Das Spurenelement steckt in Bierhefe, Vollkornprodukten, Tee, Fleisch, Eiern, Haferflocken und Pilzen. Dr. Ulrich Strunz empfiehlt den Abnehmwilligen täglich ein Präparat mit 400 Mikrogramm Chrom (in Apotheken erhältlich).

Achtung! Die Wirkstoffe können nur in Verbindung mit Sport und einer ausgewogenen Ernährung helfen. Wer sich aber weiterhin ungesund ernährt und sich nicht bewegt, bei dem bleiben die oben genannten Produkte ohne Wirkung.

Die 13-Tage-Diät nach Dr. Ulrich Strunz

Tage 1 bis 10: Vital-Fatburning/Fitnessplan

Morgens:
Morgens trinken Sie noch im Bett auf nüchternen Magen ein großes Glas stilles Wasser. Anschließend geht es gleich los mit der ersten Runde Sport. Ziehen Sie Ihre Lauf- oder Walkingschuhe an. Draußen an der frischen Luft wärmen Sie zuerst trippelnd Ihre Muskeln auf, dehnen Sie sie gründlich und dann laufen oder walken Sie gemütlich los. 30 Minuten – oder vielleicht eine Stunde. Danach wieder ausgiebig dehnen. Wenn Sie nach Hause kommen, trinken Sie einen Liter Wasser oder ungesüßten Tee.

Frühstück:
Mixen Sie sich zum Frühstück zunächst einen Eiweiß-Shake – pur, ohne Früchte (alle Rezepte siehe unten). Dann gehen Sie unter die Dusche: warm, kalt, warm, kalt. Das härtet den Kreislauf ab und trainiert die Gefäße. So tanken Sie Energie, die im Laufe des Tages noch mehr Fett verbrennt.

Als zweites Frühstück genießen Sie eine Portion »Magic Fruitmix« oder die »Powersoup«, dazu eine ungesüßte Tasse Kaffee oder Tee. Außerdem: Immer wenn der Hunger kommt, können Sie über den Tag verteilt so viele Früchte und rohes Gemüse essen, wie Sie möchten.

Mittags:
Mittags mixen Sie sich wieder einen Eiweiß-Shake. Wichtig: Vergessen Sie das Trinken nicht! Überall in Ihrer Wohnung oder am Arbeitsplatz sollten Mineralwasserflaschen stehen, am besten schon angereichert mit frisch gepresstem Zitronensaft, denn Vitamin C fördert die Fettverbrennung. Nachmittags mixen Sie sich wieder einen Eiweiß-Drink. Vor dem Abendessen gehen Sie eine weitere Runde walken oder laufen. Dehnen nicht vergessen und 0,3 Liter Mineralwasser trinken.

Abendessen:
Zum Abendessen gibt es wieder einen Eiweiß-Drink und dazu noch einen »Magic Fruitmix«. Bevor Sie ins Bett gehen, machen Sie sich außerdem noch einen kleinen Schlummertrunk.

Tage 11 bis 13: Aufbauphase

Ihr Fitnessplan sieht genauso aus wie in den letzten Tagen. Nur: Ab jetzt dürfen Sie zweimal am Tag richtig essen. Lediglich mittags gibt es noch einen Eiweißdrink. **Am 11. Tag** gibt's zum Frühstück Pflaumen-Pumpernikel. Mittags oder abends bereiten Sie Gemüse-Feta-Spieße auf Tomatenreis zu. Den Eiweißshake trinken Sie jetzt jeweils mittags oder abends, und wie bisher gilt: Obst und rohes Gemüse für zwischendurch sind jederzeit erlaubt.

Auch am **12. Tag** gibt es ein richtiges Frühstück: Tomatenbrot mit Sesam. Als warmes Essen bereiten Sie sich heute gratiniertes Fischfilet mit Sellerie. **Wichtig:** Vergessen Sie Ihren Eiweißdrink nicht! Denn je nachdem, ob Sie lieber mittags oder abends warm essen, ist der Eiweißdrink eine Ersatzmahlzeit!

Am Tag 13 läuft der Countdown. Auch am letzten Tag halten Sie sich noch mal konsequent an den Fitnessplan (siehe oben). Dazu gibt es heute zum Frühstück ein Birnen-Flocken-Müsli und ein für mittags oder abends im Wok zubereitetes Brokkoli-Hähnchen.

Wichtig! An den Eiweißdrink am Mittag denken und drei Liter Wasser täglich trinken.

Die Rezepte für die 13-Tage-Diät nach Dr. Strunz

Pflaumen-Pumpernickel

Zutaten:

50 g körniger Frischkäse (20 % Fett i.Tr.)

1 TL Honig

1 Scheibe Pumpernickel

1 blaue oder gelbe Pflaume

1 TL gehackte Pistazien

Zubereitung:

Den Hüttenkäse (50 g) mit dem Honig (1 TL) gut verrühren und auf die Pumpernickelscheibe streichen. Dann die Pflaume (1 Pflaume) waschen, halbieren und entsteinen und die Hälften in dünne Spalten schneiden. Anschließend auf die Pumpernickelbrotscheibe legen und mit den Pistazien (1 TL) bestreuen.

Power Soup

Zutaten für 6–8 Portionen:

2 weiße Zwiebeln

2 cm frischen Ingwer

2 Knoblauchzehen

1 kg reife Tomaten

1 lange rote Peperoni

4 EL Olivenöl

Meersalz

1 TL zerstoßene Koriandersamen

2 Liter Gemüsebrühe

500 g junger Wirsing

je 1 rote und gelbe Paprikaschote

1 Stange Lauch (etwa 300 g)

250 g Staudensellerie

schwarzer Pfeffer aus der Mühle

½ unbehandelte Zitrone

1 Bund Petersilie

1 Bund Schnittlauch

1 EL Leinöl und Salz

Zubereitung:

Zwiebeln (2 Stück) Ingwer (2 cm frischen Ingwer) und Knoblauch (2 Zehen) schälen und in kleine Würfel schneiden. Dann das Olivenöl (4 EL) in einem Topf erhitzen. Zwiebeln, Ingwer und Knoblauch darin andünsten und mit Salz (eine Prise) und Koriander (1 TL) würzen. Die Brühe (2 Liter) dazugeben und das Ganze aufkochen lassen. Als nächstes die Tomaten (1 Kilo) und Peperoni (1 Stück) ebenfalls würfeln und zur Brühe dazugeben. Das Ganze etwa 30 Minuten leicht kochen lassen.

Den nun fertigen Tomatensud mit einem Passierstab durch ein feines Sieb in einen Topf streichen. Danach den Wirsing (500 g) und die Paprikaschoten (2 Stück), den Lauch (1 Stange) und Sellerie (250 g) gut waschen und klein schneiden und zusammen zum Tomatensud dazugeben, darin bei schwacher Hitze etwa 10 Minuten ohne Deckel garen. Zum Schluss den Eintopf mit Salz und Pfeffer würzen und mit Zitronensaft (von einer halben unbehandelten Zitrone) und der abgeriebenen Schale der Zitrone abschmecken. Das Ganze etwa 5 Minuten ziehen lassen. Anschließend die Gemüsesuppe mit dem Pürierstab oder im Mixer glatt pürieren und das Leinöl (1 EL) darunterrühren.

Birnen-Flocken-Müsli

Zutaten:

50 g kernige Vollkorn-Haferflocken

1 TL gehackte Haselnüsse

1 TL Korinthen

1 Birne

2 TL Zitronensaft

100 g Joghurt (1,5 % Fett)

1 TL Birnendicksaft

1 Prise Zimt

Zubereitung:

Die Haferflocken (50 g) mit den Haselnüssen (1 TL) und den Korinthen (1 TL) in einer Müslischale vermischen. Danach die Birne waschen und in dünne Scheibchen schneiden und sofort mit dem Zitronensaft (2 TL) beträufeln. Zwei Drittel der Birnen mit dem Joghurt (100 g) dem Birnendicksaft (1 TL) und Zimt (eine Prise) vermischen und auf der schon zubereiteten Haferflockenmischung verteilen. Zum Schluss mit den restlichen Birnenstückchen belegen – fertig ist das Powermüsli.

Magic Fruitmix

Zutaten für 10 Portionen:

800 g gemischte Beeren, frisch oder tiefgekühlt

1 große Papaya (etwa 500 g)

2 reife Birnen (etwa 400 g)

2 reife Kiwis

1 Grapefruit

1 Orange

1/2 l ungesüßter Apfelsaft

2 unbehandelte Limetten (oder 1 Zitrone)

1 EL Leinöl

50 g Fruchtzucker

1/4 TL gemahlener Zimt

2 Messerspitzen gemahlene Nelken

4 Stängel Zitronenmelisse

Zubereitung:

Zuerst die Beeren (800 g) waschen, gut abtropfen lassen und wenn nötig klein schneiden. Die Papaya (1), die Birnen (2), die Kiwis (2) schälen und grob zerteilen. Nun das Ganze im Mixer pürieren. Anschließend die Grapefruit (1) und die Orange (1) schälen, klein würfeln und dann den Apfelsaft (1/2 l ungesüßter Apfelsaft), Limettensaft (von 2 Limetten) und die abgeriebene Limettenschale sowie den Fruchtzucker (50 g) in den Mixer dazugeben und alles noch einmal kräftig durchmixen. Zum Schluss den Mix mit Zimt (1/4 TL) und Nelken (2 Messerspitzen gemahlene Nelken) abschmecken.

Tipp! Einen großen Anteil der weißen Haut von Grapefruit und Orange nicht entfernen. Der Grund: Darin stecken Flavonoide, die die Wirkung des Vitamin C verstärken.

Gemüse-Feta-Spieße mit Tomatenreis

Zutaten:

75 ml Tomatensaft

50 g Langkornreis

1/2 TL körnige Gemüsebrühe

1 kleine gelbe Paprikaschote (ca. 100 g)

1 kleine Zucchini (ca. 100 g)

60 g fester Schafskäse (Feta)

1 EL Olivenöl

Salz und schwarzer Pfeffer

1 Messerspitze Paprika edelsüß

1/2 TL getrockneter Thymian

Schaschlikspieße

Zubereitung:

Tomatenreis: Zuerst den Tomatensaft (75 ml) mit 50 ml Wasser verdünnt zum Kochen bringen. Den Reis (50 g) und die körnige Brühe (1/2 TL) einstreuen und zugedeckt bei schwacher Hitze in etwa 20 Minuten ausquellen lassen.

Gemüse-Schafskäse-Spieße: Die Paprikaschote (ca. 100 g) und die Zucchini (ca. 100 g) waschen und in kleine Viertel schneiden. Danach den Schafskäse (60 g) in Würfel schneiden. Salz, Pfeffer (jeweils eine Prise), Paprika (1 Messerspitze) und Thymian (1/2 TL) mit Olivenöl (1 EL) in einer kleinen Schüssel verrühren. Anschließend die Gemüse- (Paprika, 100 g und Zucchini, 100 g) und Schafskäsewürfel darin wenden. Dann jeweils abwechselnd ein Gemüse- und Schafskäsestück auf 2 Schaschlikspieße stecken. Den Grill auf 150 °C vorheizen. Die Spieße auf eine Alufolie und dann für 5–7 Minuten auf den Rost legen. Zwischendurch vorsichtig wenden, damit sie schön von allen Seiten leicht knusprig braun werden. Den fertigen Tomatenreis mit Salz und Pfeffer würzen und zu den Gemüsespießen servieren.

Tomatenbrot mit Sesam

Zutaten:

3 TL fettreduzierter Frischkäse (6–8 % Fett)

1 TL Hefe-Extrakt (aus dem Reformhaus)

1 Scheibe Vollkornschrotbrot (ca. 60 g)

1 Tomate (ca. 70 g)

1 TL Sesam

je nach Geschmack etwas Salz und Pfeffer

Zubereitung:

Den Frischkäse (3 TL) mit dem Hefe-Extrakt (1 TL) glattrühren und anschließend auf das Brot streichen. Die Tomate waschen, in dünne Scheiben schneiden und die Scheibe Vollkornschrotbrot damit belegen. Nun je nach Geschmack leicht salzen und pfeffern. Als besonderen Genuss: Den Sesam (1 TL) in einer Pfanne ohne Fett rösten und obendrauf streuen.

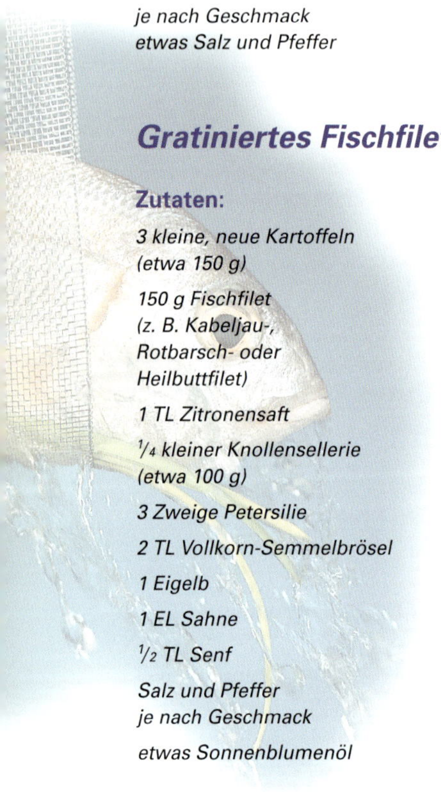

Gratiniertes Fischfilet mit Sellerie

Zutaten:

3 kleine, neue Kartoffeln (etwa 150 g)

150 g Fischfilet (z. B. Kabeljau-, Rotbarsch- oder Heilbuttfilet)

1 TL Zitronensaft

$^1/_4$ kleiner Knollensellerie (etwa 100 g)

3 Zweige Petersilie

2 TL Vollkorn-Semmelbrösel

1 Eigelb

1 EL Sahne

$^1/_2$ TL Senf

Salz und Pfeffer je nach Geschmack

etwas Sonnenblumenöl

Zubereitung:

Die Kartoffeln (150 g) in Salzwasser 20 Minuten kochen lassen. Das Fischfilet (150 g) trocken tupfen, mit Zitronensaft (1 TL) und etwas Salz und Pfeffer – je nach Geschmack – würzen. Den Backofen auf 220 °C (Gas Stufe 4, Umluft 200 °C) vorheizen. Dann die Gemüsemischung zubereiten. Dazu den Sellerie ($^1/_4$ Knolle) waschen und fein raspeln, die Petersilie (3 Zweige) abwaschen und fein hacken und zusammen mit den Semmelbröseln (2 TL) und dem Eigelb (1 Eigelb) und der Sahne (1 EL) gut vermischen. Anschließend je nach Geschmack etwas salzen und pfeffern. Das Fischfilet erst mit dem Senf (1/2 TL), dann mit der schon zubereiteten Gemüsemischung bestreichen. Nun eine kleine Gratinform mit etwas Sonnenblumenöl einpinseln und den frisch bestrichenen Fisch hineinlegen. Im Ofen 15–20 Minuten überbacken. Die Kartoffeln pellen und dazu servieren. Einfach lecker!

Schlummertrunk

Zutaten:

1 EL Eiweißpulver auf 0,1 l Wasser

Saft von $^1/_2$ Zitrone

2 TL Honig

Zubereitung:

Alle Zutaten in ein Glas geben und gut miteinander verrühren.

Eiweiß-Shake

Zutaten:

3 EL Eiweißkonzentrat plus Carnitin

0,2 l stilles Wasser oder Magermilch

Zubereitung:

Einfach drei EL Eiweißkonzentrat in 0,2 l stilles Wasser oder in die Magermilch geben und gut shaken, bis der Drink schön cremig ist. **Wichtig!** Shaker und in eine kleine Dose abgefülltes Eiweißpulver sollten in den zehn Tagen Vital Fatburning Ihr ständiger Begleiter sein.

Broccoli-Hähnchen-Wok

Zutaten:

80 g Hähnchenbrustfilet

40 g Basmatireis

100 g Broccoliröschen

1 kleine rote Paprikaschote (etwa 120 g)

1 Schalotte

1 Knoblauchzehe

60 ml Hühnerbrühe

2 TL trockenen Sherry

1 EL Sojasoße

2 TL Erdnussöl

1 g pflanzliches Bindemittel (z. B. Biobin aus dem Reformhaus)

4 Cashewkerne (ca. 5 g)

Salz und Pfeffer je nach Geschmack

Zubereitung:

Den Reis (40 g) in Salzwasser nach Packungsangabe gar kochen. Das Hähnchenbrustfilet (80 g) mit kaltem Wasser abwaschen, trockentupfen und in dünne Scheiben schneiden, anschließend etwas pfeffern. Einen Wok mit Erdnussöl (1 TL) einpinseln und stark erhitzen – darin dann die Hähnchenbrustfiletstreifen etwa 4 Minuten anbraten, herausnehmen und am besten in Alufolie warm halten.

Dann die Broccoliröschen (100 g) und die Paprikaschote (1 Stück) waschen, putzen und klein schneiden, auch die Schalotte (1 Schalotte) und die Knoblauchzehe (1 Knoblauchzehe) schälen und feinhacken. Um das Gemüse anzubraten, wieder Erdnussöl (1 TL) erhitzen und darin dann zuerst die Broccoliröschen (100 g) etwa 2 Minuten kurz anbraten. Die Paprika-, Schalotten- und Knoblauchwürfel hinzufügen und alles zusammen noch etwa 4 Minuten unter Rühren weiter anbraten. Jetzt in einer Schüssel die Brühe (60 ml) mit dem Sherry (2 TL) und der Sojasoße (1 EL) zu einer Würzsoße verquirlen. Die Würzsoße nun zum Gemüse geben und das Bindemittel (1 g) vorsichtig mit einem Löffel einrühren. Dann die Hähnchenbrustfiletstreifen wieder aus der Alufolie packen und etwa 1 Minute mit dem Ganzen vermischen. Danach das Ganze mit etwas Salz und Pfeffer – je nach Geschmack – würzen. Zum Schluss die Cashewkerne (ca. 5 g) darüberstreuen und den Reis nicht vergessen.

Sven-David Müller und Dr. Ulrich Strunz sind unsere Diät-Experten.

Welche Diäten machen dick?

Warum bei einigen Diäten zwar kurzfristig die Pfunde purzeln, Sie langfristig aber dickmachen, erklärt Ihnen unser Studiogast und Ernährungsexperte Sven-David Müller.

Nulldiät (oder Fasten/Heilfasten)

Bei dieser Diät wird praktisch gar nichts mehr gegessen. Sie trinken nur Wasser, ungesüßte Kräutertees oder essen Brühe. So werden am Tag nicht nur weniger als 500 Kalorien, sondern auch nur wenige Mineralstoffe und Vitamine aufgenommen.

Vorteile: Sie können zunächst pro Tag ungefähr ein halbes bis ein Kilo abnehmen.

Nachteile: Diese Art der Diät ist extrem ungesund, weil der Körper durch das wenige Essen nicht ausreichend mit lebensnotwendigen Mineralstoffen, Vitaminen und Fettsäuren versorgt werden kann. Mangelerscheinungen sind so vorprogrammiert! Außerdem: Neben ein bisschen Fettgewebe verlieren Sie bei dieser Diät vor allem Wasser und Muskelmasse. Dadurch führt eine Nulldiät leicht zum berüchtigten »Jojo-Effekt«, d. h.: Sie verlieren zwar zu Beginn schnell jede Menge Kilos, das neue Gewicht werden Sie jedoch vermutlich nicht auf Dauer halten können. Der Grund: Der Stoffwechsel verlangsamt sich, da der Körper kaum mehr Nahrung verarbeiten muss. Ihr Körper hält die Diät für eine Hungersnot und lernt, mit z. B. nur 1.000 Kalorien am Tag auszukommen. Wenn Sie nach der Diät wieder normal essen, kann Ihr verlangsamter Stoffwechsel diese Mengen an Kalorien und Fett nicht mehr so schnell verarbeiten. Die Folge: Sie nehmen extrem schnell wieder zu. Außerdem nimmt der Körper zu wenig Eiweiß während einer Nulldiät oder Fastenzeit auf und muss deshalb an die körpereigenen Eiweißreserven gehen. Der größte Eiweißspeicher im Körper sind die Muskeln, die während einer Nulldiät stark abgebaut werden. Ohne Muskeln aber können wir kein Fett verbrennen. Oft werden diese Diäten auch mit einer Darmentleerung begonnen. Das ist deshalb bedenklich, weil der Körper dadurch einen erhöhten Mineralstoffverlust erleidet, der Darm gelähmt wird und Herz-Rhythmus-Störungen die Folge sein können.

Fazit:

Unser Studiogast Sven-David Müller rät: Finger weg von Nulldiäten und Fasten! Diese Radikaldiät ist für den Körper reiner Stress und sehr ungesund, weil er nicht mit lebensnotwendigen Vitaminen und Nährstoffen versorgt werden kann.

Suppendiät

Auch während dieser Diät wird nicht richtig gegessen, sondern: das Einzige, das auf dem Speiseplan steht, ist Gemüsesuppe. Die Zutaten für diese Suppe sind in der Regel verschiedene Gemüsesorten, z. B. Tomaten, Sellerie, Paprika, Kohlrabi und Kartoffeln. Fleisch, Fisch sowie Käse sind während dieser Diät nicht erlaubt.

Vorteil: Eine Suppendiät ist nicht grundsätzlich ungesund, da Sie in dieser Zeit wenig Fett, aber jede Menge Vitamine und Mineralstoffe zu sich nehmen. Außerdem können Sie zunächst sogar bis zu einem halben Kilo pro Tag abnehmen.

Nachteil: Zwar wird bei dieser Diät viel Gemüse gegessen, doch der Eiweißbedarf des Körpers und die lebensnotwendigen Fettsäuren können dadurch nicht abgedeckt werden. Wenn Sie die Suppendiät länger als zwei Wochen machen, besteht außerdem die Gefahr des »Jojo-Effektes« (Folgen siehe Nulldiät). Insgesamt wird dem Körper durch die Suppe zu wenig Energie zugeführt, d. h., er bekommt zu wenig Kalorien und schaltet nach ein paar Tagen auf »Sparflamme«.

Fazit:

Wer die Suppendiät nur 3–4 Tage macht, wird noch nicht unter dem so genannten »Jojo-Effekt« leiden und auch ein paar Pfund abnehmen können. Dennoch rät Sven-David Müller von einseitigen Diäten, wie der Suppendiät, grundsätzlich ab, weil sie zum einen das Essverhalten nicht verändern und zum anderen den Körper nicht ausreichend mit Eiweißen und Energie versorgen. Also werden auch bei dieser Diät Muskeln abgebaut, die wir dringend zur Fettverbrennung benötigen.

Ein Blick hinter die Kulissen: Kurze Maske für den strahlenden Auftritt unserer Diät-Experten!

Monodiäten

Auch bei dieser Diätform ist die Ernährung alles andere als ausgewogen, denn »mono« heißt so viel wie »einzeln« oder »alleine«. Eine Monodiät wird also immer nur mit einem einzelnen Nahrungsmittel durchgeführt. Es gibt z. B. Ananas-, Kartoffel-, Ei- oder Reisdiäten. Über mehrere Tage oder Wochen wird also ausschließlich nur dieses eine Nahrungsmittel gegessen.

Vorteile: Auch hier ist es zunächst möglich, am Tag bis zu einem halben Kilo abzunehmen.

Nachteile: Diese Art der Ernährung ist extrem einseitig. Es werden dem Körper entweder Kohlenhydrate (Reis, Kartoffeln) oder Vitamine (Ananas) zugeführt, und der Eiweißbedarf kann während dieser Diät auf keinen Fall gedeckt werden. Bei einer Eierdiät wird außerdem noch zu viel Cholesterin aufgenommen. Das kann zu Arteriosklerose (Gefäßverkalkung) führen.

Fazit:

Von Monodiäten wie z. B. Reis- oder Kartoffel-, aber auch Ananasdiäten ist nach Aussage von Sven-David Müller von der Gesellschaft für Ernährungsmedizin aufgrund der Unterversorgung mit Vitaminen oder Kohlenhydraten sowie Eiweiß auf jeden Fall abzuraten. Sie sind viel zu einseitig, um dem Körper alles zuzuführen, was er braucht. Die Folge: Es kommt zu Mangelerscheinungen an Vitaminen und Mineralstoffen. Außerdem beginnt der Körper aufgrund der nicht ausreichenden Eiweißversorgung, das in den Muskeln vorhandene Eiweiß abzubauen. Die Muskeln nehmen ab und können nach der Diät weniger Kalorien verbrennen. Nach einer Monodiät nimmt man also bei normaler Ernährung ganz schnell wieder zu.

Fit mit Nordic Walking

Was ist Nordic Walking?

Nordic Walking ist eine neue Lauftrendsportart aus Finnland, die unabhängig von Alter, Geschlecht und Kondition ausgeübt werden kann. Es wird gewalkt und das mit Stöcken. **Der Vorteil:** Nordic Walking ist effektiver als Laufen und schont die Gelenke. Gerade für Übergewichtige, die die Kilos durch Sport purzeln lassen wollen, ist diese Sportart ideal. Aber auch eingefleischte Läufer finden immer mehr Gefallen an Nordic Walking, denn zum einen bringt es Abwechslung, zum anderen richtig Kondition.

Warum ist Nordic Walking so gesund?

Nordic Walking hat viele Vorteile. Fitnesspapst Dr. Ulrich Strunz zählt im Folgenden einige auf.

1. Nordic Walking steigert durch den Einsatz der Stöcke den Kalorienverbrauch im Vergleich zum normalen Walken um über 40 %, d. h. nach einer Stunde Nordic Walking haben Sie über 400 Kalorien verbraucht, nach einer Stunde Walken dagegen nur 280 Kalorien.
2. Ideale Sportart, um fit zu werden und das Gewicht zu reduzieren.

3. Muskelverspannungen im Nacken und Schulterbereich werden gelöst. Die Streck- und Beugemuskeln des Unterarms, sowie Bauch, Brust und Rückenmuskulatur werden gestärkt.
4. Die Gelenke werden durch den Einsatz der Stöcke geschont. Nordic Walking entlastet den gesamten Bewegungsapparat um bis zu 30 %, deshalb ist diese Sportart besonders für Personen mit Knie- und Rückenproblemen geeignet.
5. Die Leistung von Herz und Kreislauf wird gestärkt.
6. Durch Nordic Walking werden die Blutgefäße geputzt und die Blutfettwerte gesenkt.
7. Die Stöcke können Sie auch im Winter schwingen, mit der gleichen Technik, z. B. zu Schneeschuhen oder Nordic-Skiern.
8. Nordic Walking macht glücklich, denn durch den Sauerstoffüberschuss gerät das Gehirn in den Alpha-Zustand. Man wird kreativer und ist gut drauf.

Wie funktioniert Nordic Walking richtig?

Füße: So machen Sie es richtig: Der Fuß setzt mit der Fersenaußenseite auf. Beim Aufsetzen der Ferse ist das Knie leicht gebeugt. Dadurch und durch das leichte Nachgeben des Fußes wird der Stoß der Landung abgefedert. Der Fuß muss über die ganze Sohle abrollen. Beim Nordic Walking werden im Vergleich zum Walken die Schritte durch Mithilfe der Arme automatisch länger. Es gilt aber: je schwieriger und steiler die Strecke, desto kürzer die Schritte. Arme: Rechtes Bein/linker Arm und linkes Bein/rechter Arm werden immer gleichzeitig nach vorn geführt. **Stöcke:** Der rechte Stock setzt dann auf den

Nordic-Walking – das optimale Outdoortraining zur Gewichtsreduktion.

Nordic-Walking ist total effektiv und für jeden erlernbar.

Boden auf, wenn die linke Ferse den Boden berührt und umgekehrt.

Wie oft sollte man nordic walken?
Man sollte mindestens eine halbe Stunde trainieren und das drei bis vier Mal die Woche.

Welche Ausrüstung braucht man?
Fitnesspapst Dr. Ulrich Strunz hat das Wichtigste für Sie zusammengefasst.

Stöcke: Empfehlenswert sind Carbonstöcke. Sie sind elastisch, leicht, stabil, schwingungsarm und langlebig. Mit diesen Stöcken können Sie große Sprünge machen ohne Angst zu haben, dass sie kaputt gehen. Für die optimale Länge gibt es eine Faustregel: Körpergröße multipliziert mit dem Faktor 0,7. So erhalten Sie Ihre individuelle Stocklänge. Übrigens, Gummipads an den Stockenden geben Halt auf der Straße und dämpfen.

Kleidung: Wichtig! Nicht zu dick kleiden, denn bei Nordic Walking schwitzt man mehr als beim spazieren oder walken. Viele Anfänger machen den Fehler und ziehen zu viel an. Fitnesspapst Dr. Ulrich Strunz rät: Den Lieblingsjogginganzug aus Baumwolle sollten Sie in Zukunft nur noch zu Hause auf der Couch tragen.

Leisten Sie sich moderne Walking-Kleidung, denn Synthetikfasern lassen Luft durch und weisen Schweiß und Regen ab. Mikrofaser sorgt mit ihren tausenden von feinen Luftkammern für Isolation. Schlechte Kleidung kostet Kraft und die Erkältungsgefahr ist groß.

Schuhe: Sie brauchen Lauf- oder Walkingschuhe. Wer irgendwann regelmäßig walkt, sollte sich für harten Untergrund Walkingschuhe, fürs Gelände Treckingschuhe besorgen.

Übringens bieten gute Laufshops und Sportgeschäfte eine kostenlose Laufanalyse an, d. h. Ihre Füße und Ihr Laufstil werden genau unter die Lupe genommen. Nur so finden Sie den für Sie idealen Schuh.

Handschuhe: Gerade bei längeren Touren sollte man auf Handschuhe nicht verzichten. Durch die Stöcke gibt es nämlich schnell Blasen oder aufgescheuerte Hände. Ideal sind jedoch nur spezielle Nordic Walking-Handschuhe, denn sie sind an den richtigen Stellen gepolstert. Auch Fahrradhandschuhe eignen sich. Im Winter können Sie auch Langlauf-Handschuhe benutzen.

Noch mehr Tipps zu Nordic Walking finden Sie in dem neuen »nordic fitness Buch« von Dr. Ulrich Strunz.

Gästeliste

Prof. Hademar Bankhofer
Medizinjournalist und Buchautor
c/o Kneipp-Verlag
Kunigundeweg 10
A-8700 Leoben
www.prof.bankhofer.at

Michael Beck
Restaurant Alte Rose
Kochschule und Wein- Culinarium
La Rocca
Alt Wildsachsen 32 und 37
65719 Hofheim-Wildsachsen
Tel.: 0 61 98 / 83 82 oder
57 77 7-5
Fax: 0 61 98 / 50 04 47 oder
57 77 7-6
E-Mail: weinculinarium@
t-online.de

Prof. Henning Blume
Pharmazeut
SocraTec R&D GmbH
Feldbergstraße 59
61440 Oberursel
Tel.: 0 61 71 / 5 85 70-0
Fax: 0 61 71 / 5 85 70-25

Klaus Bramkamp
Küchendirektor
Hotel Inter-Continental Frankfurt
Wilhelm-Leuschner-Straße 43
60329 Frankfurt am Main
Tel.: 0 69 / 26 05-0
Fax: 0 69 / 26 24 67

Dr. Jürgen Budde
Chemisches Untersuchungslabor
Neckarstraße 14
64283 Darmstadt
Tel.: 0 61 51 / 2 40 90
Fax: 0 61 51 / 2 04 75
E-Mail: Dr.Budde@t-online.de

Dipl. oec. troph. Birgit Junghans
Ernährungswissenschaftlerin
Diepenbenden 19
52076 Aachen
Tel.: 02 41 / 1 60 76 30
Fax: 02 41 / 1 60 76 31
E-Mail: b.junghans@t-online.de

Sven-David Müller
Diätassistent und Diabetesberater
DDG/Medizinjournalist
Gesellschaft für Ernährungs-
medizin und Diätetik e.V.
Kurbrunnenstraße 5
52066 Bad Aachen
Tel.: 02 41 / 6 08 08-32
Fax: 02 41 / 6 08 08-34
E-Mail: sdmueller@
ernaehrungsmed.de
www.ernaehrungsmed.de

Markus Del Monego
Cave Wein Service GmbH
Heinrich-Held-Straße 37
45331 Essen
Tel.: 02 01 / 8 42 01 30
Fax: 02 01 / 84 20 19 30
E-Mail: info@caveco.de
www.caveco.de

Dr. Frank R. Schwebke
Medizinjournalist und Arzt
c/o Bunte
Arabellastraße 23
81925 München
Tel.: 0 89 / 92 50 21 93
Fax: 0 89 / 92 50 23 75
E-Mail: schwebke@bunte.burda.com

Dr. med. Ulrich Strunz
Arzt und Fitnesspapst
Allersberger Straße 54
91154 Roth
Fax: 0 91 71 / 6 07 57
Internet: www.strunz.com

Lesetipps

Fit mit Geflügel – Wie gesund sind Hähnchen und Pute?

Dieter Heck, Ute Scheffler: Der Goldbroiler. Rezepte, Tipps, Geschichten. Buchverlag für die Frau, 8,90 €

Christian Teubner: Das große Buch vom Geflügel. Teubner Edition, 67,90 €

Christian Teubner: Geflügel. Gräfe und Unzer Verlag, 26,59 €

Ran an die Kartoffeln! Was ist drin in Pommes & Co.?

Paul Gayler: Kartoffel kulinarisch. Augustus Verlag, 22 €

Karin Iden: Kartoffeln machen schlank. 2–3 kg pro Woche abnehmen. Knaur, 9,90 €

Cornelia Schinharl, Ulrich Kerth: Kartoffeln. So gelingt's. Das klappt auf Anhieb: Salate und Suppen, Puffer und Pürees ... Gondrom-Verlag, 15,24 €

Heiß auf Grillfleisch – Steaks und Schnitzel im Visier

Gina Greifenstein: 1 Schnitzel – 50 Rezepthits. Gräfe und Unzer Verlag, 6,90 €

Elisabeth Lang: Grillen. Heiß vom Rost – die leckersten Rezepte. Dumont Monte Verlag, 10 €

Fertigsuppen – Gesund oder teure Dickmacher?

Sebastian Dickhaut, Kai Mewes: Suppen von Klassik bis Kult. Gräfe & Unzer Verlag, 6,90 €

Friedrich Graupe: Zweihundertfünfzig Super-Suppen. Die besten Suppen aus aller Welt. Heyne Verlag, 7,95 €

Alles Käse? Was steckt wirklich in Gouda & Co.?

Lotte Hanreich, Edith Zeltner: Käsen leicht gemacht. 120 Rezepte für die Milchverarbeitung. Stocker Verlag, 19,90 €

Otto Schlecht, Arne Krüger: Das große Buch vom Käse. Teubner Edition, 69,90 €

Butter oder Margarine? Gesund mit dem richtigen Fett

Ulrich Klever: Klevers Kompass Kalorien & Fette 2003/04. Gräfe und Unzer Verlag, 6,50 €

Sven-David Müller, Petra Theisen: forever clever – Der Ernährungstrainer. Schlütersche Verlagsgesellschaft, 12,90 €

Ulrich Strunz, Andreas Jopp: Fit mit Fett. Heyne Verlag, 17,00 €

Eis geleckt – Welche Bällchen sind der Knaller?

Thuri Maag: Eiscreme selbermachen mit natürlichen Zutaten. Hädecke, 8,90 €

Annemarie Wildeisen: Eiscreme, Glace, Sorbet. Die besten Rezepte. At-Verlag, 10,90 €

Lust auf Schokolade – Tafeln und Nikoläuse im Test!

Yannick Lefort u. a.: Jeden Tag Schokolade. 100 Schlemmer-Rezepte. Müller Rüschlikon Verlags AG, 19,90 €

Schlank werden, schlank bleiben – Der Weg zum Wunschgewicht!

Hademar Bankhofer: Abnehmen leicht gemacht. Professor Bankhofers erfolgreichste Fasten-Kuren. Kneipp Verlag, 19,90 €

Hademar Bankhofer: Fit und gesund. Ullstein Tb, 6,50 €

Hademar Bankhofer: Das Glück, gesund zu bleiben. Herbig Verlag, 17,90 €

Sven-David Müller: Die Bikini-Diät. Gräfe und Unzer Verlag, 5,90 €

Sven-David Müller: Genussvoll essen bei Diabetes. Knaur, 12,90 €

Sven-David Müller: Genussvoll essen nach dem Herzinfarkt. Midena Verlag, 12,90 €

Sven-David Müller: Die Bikinidiät, Gräfe und Unzer Verlag, 5,90 €

Sven-David Müller, Katrin Raschke: Das Kalorien-Nährwert-Lexikon. Schlütersche Verlagsgesellschaft, 12,90 €

Sven-David Müller: Kalorien-Ampel. Knaur, 7,90 €

Sven-David Müller u. a.: Praxis der Diätetik und Ernährungsberatung. Hippokrates Verlag, 39,95 €

Sven-David Müller: Diabetes-Ampel. Knaur, 8,90 €

Ulrich Strunz: forever young – Das Erfolgsprogramm. Gräfe und Unzer Verlag, 10 €

Ulrich Strunz: Nordic Fitness. Heyne Verlag, 9,95 €

Ulrich Strunz: Die Diät. Heyne Verlag, 20 €

Autoreninfo

Petra Theisen

begann ihre Laufbahn beim hessen fernsehen vor 13 Jahren als Redakteurin und Moderatorin. Heute ist sie Sendungsleiterin von »service:tr€nds, das clever-TV«,« das sie jeden Mittwoch um 19 Uhr live aus dem höchsten Fernsehstudio Europas, dem Main Tower in Frankfurt, moderiert. Nach ihrem BWL-Studium plante und moderierte sie zunächst das ARD-Wirtschaftsmagazin »Plusminus News«; nebenbei produzierte sie regelmäßig Fernsehbeiträge. 1994 erhielt sie, gemeinsam mit einem Kollegen, in der Kategorie »Große Wirtschaftssendung« den berühmten Ernst-Schneider-Preis.

Sven-David Müller

ist Autor zahlreicher Ernährungsratgeber, »Fit for Fun«-Ernährungsexperte, hält Vorträge vor Medizinern und Apothekern und ist an Vorlesungen in Aachen beteiligt. Der deutschlandweit bekannte Ernährungsexperte ist regelmäßiger Gast in Hörfunk und Fernsehen – so auch bei der TV-Sendung »service:tr€nds«.

Er ist Vorstandsmitglied des Bonner Fördervereins für Diätetik (BFD) e.V. und Schriftleiter der ernährungsmedizinischen Zeitschrift »Ernährung und Medizin«. Der Diätassistent und Diabetesberater ist außerdem Gründer und langjähriger Vorsitzender des Verbandes für Ernährung und Diätetik (VFED) e.V. und Geschäftsführer bei der Gesellschaft für Ernährungsmedizin und Diätetik e.V. Zuvor war er zehn Jahre am Universitätsklinikum der RWTH Aachen beschäftigt und kann auf mehr als 30.000 Patientenkontakte zurückblicken.

Die letzte Seite

Blick hinter die Kulissen

Kaum zu glauben, aber die Vorbereitungen laufen bis zur letzten Sekunde. Von der perfekten Frisur bis zur inhaltlichen Abstimmungen muss alles sitzen. Langweilig wird es bei »service:tr€nds« nie!

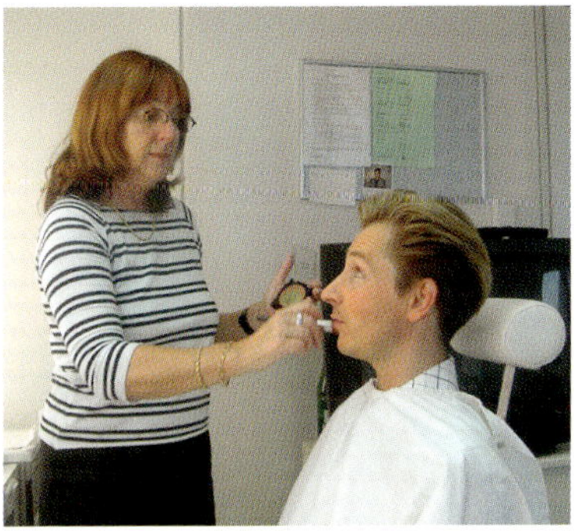

Streichelheiten für Sven-David Müller vor der Sendung.

Petras Figaro Jens.

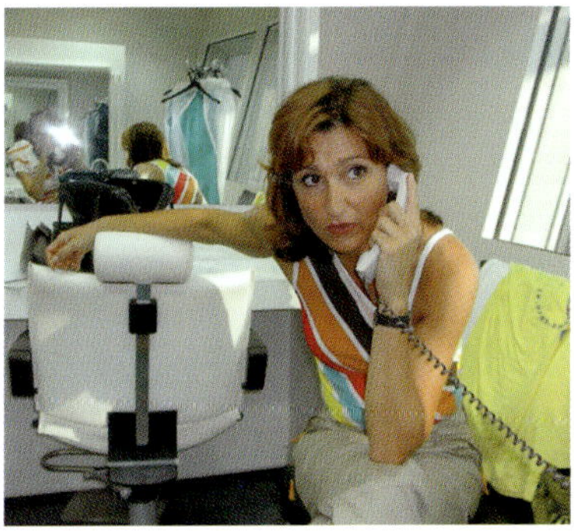

Letzte Infos vor der Sendung.

»service:tr€nds« beim Kochkurs

»service:tr€nds« beim gemeinsamen Kochkurs. Wäre doch gelacht, wenn es dem Team nicht gelänge, die Rezepte der eigenen Sendung nachzukochen! Ein wenig Nachhilfe hat die eine oder andere aber noch nötig …

Christiane und Barbara – Hummer zerlegen ist nicht immer einfach …

… manchmal auch eklig.

Sandra putzt gerne – auch Salat.

Betty testet – kochte zum ersten Mal.

»service:tr€nds«-Clever-Lauf

Der 10-km-Lauf mit »Mr. forever young« – dank eines sympathischen und gut gelaunten Dr. Strunz auch für weniger Trainierte ein großer Spaß!

Chefin schmiert derzeit die Brote.

Nach 10-km-Lauf immer noch ein strahlendes Lächeln.

»service:tr€nds« auf Betriebsausflug

Ein Kreativ-Wochenende macht nicht nur Spaß. Dabei entstehen tolle Ideen für die nächsten Sendungen. Und wollte man nicht schon immer einmal so gemütlich mit den Kolleginnen zusammensitzen?

Gruppenfoto fast – Barbara muss fotografieren.

… und mit neuen Ideen wieder nach Hause.

… eine fehlt immer.

Sven-David Müller • Katrin Raschke

Das Kalorien-Nährwert-Lexikon

Ballaststoffe, Eiweiß, Vitamine, Mineralstoffe ... – wie viel davon brauchen wir für unsere tägliche Ernährung? Das *Kalorien-Nährwert-Lexikon* enthält neben den Zahlenwerten, wie sie auch herkömmliche Tabellen liefern, eine sehr übersichtliche, farbige Bewertung der einzelnen Nährwerte. Rot gekennzeichnete Nahrungsmittel sollte man lieber meiden, bei grün markierten Speisen ist alles im »grünen Bereich«! Alle Gerichte sind mit einen so genannten Slimfaktor bewertet. Lebensmittel, die im Feld »slim« grün markiert sind, sättigen gut, ohne dass man dabei viele Kalorien zu sich führt und zunimmt. Mit einer Extra-Tabelle, die den Fett-, Cholesterin- und Kohlenhydratanteil bekannter Marken auflistet.

2003. 208 Seiten, 15 Abbildungen,
15,5 x 21,0 cm, kartoniert
ISBN 3-87706-725-5
€ 12,90

Dr. med. Dieter Markert

Die neue Markert-Diät

Über Jahre hat sich das Prinzip der »Markert-Diät« – das Absenken des Insulinspiegels bei einer Verbesserung der Schilddrüsenfunktion – als sehr erfolgreich erwiesen: Der Grundumsatz steigt, die Fettverbrennung wird angekurbelt. Ursprünglich als Flüssigkeits-Fastenkur konzipiert, hat Dr. Markert die »neue Markert-Diät« den neuesten Erkenntnissen der Forschung angepasst. In dieser Diät plädiert der Autor für Ernährungsumstellung und einen bewussten Umgang mit dem Körper. Dabei sind Nahrungsergänzungsmittel wie etwa Eiweißpulver nach wie vor ein wichtiger Teil seines Konzepts. Ziel dieser Diät: gesund und ohne Jo-Jo-Effekt auf Dauer schlank zu bleiben.

2003. 96 Seiten, 49 Abbildungen, 9 Tabellen,
15,5 x 21,0 cm, kartoniert
ISBN 3-87706-888-X
€ 10,90

Stand Oktober 2003. Änderungen vorbehalten.

schlütersche